Quante Storie!

20 Picture Stories for Practice in Italian
M. Catani (St Roch's Secondary School, Glasgow)
L. S. Renucci (St Roch's Secondary School, Glasgow)
J. Watt (Lochend Secondary School, Glasgow)

Illustrated by Robert Mulhern

Nelson

Thomas Nelson and Sons Ltd
Nelson House Mayfield Road
Walton-on-Thames Surrey
KT12 5PL UK

51 York Place
Edinburgh
EH1 3JD UK

Thomas Nelson (Hong Kong) Ltd
Toppan Building 10/F
22A Westlands Road
Quarry Bay Hong Kong

Distributed in Australia by

Thomas Nelson Australia
480 La Trobe Street
Melbourne Victoria 3000
and in Sydney, Brisbane, Adelaide and Perth

© M. Catani, L.S. Renucci, J. Watt 1978

First published by Harrap Limited 1978
(under ISBN 0-245-53266-8)

Reprinted twice
Fourth impression published by Thomas Nelson and
sons Ltd 1986

ISBN 0-17-445041-9
Reprinted 1986
Print No. 03
Printed in Hong Kong

All Rights Reserved. This publication is protected in the
United Kingdom by the Copyright Act 1956 and in other
countries by comparable legislation. No part of it may be
reproduced or recorded by any means without the
permission of the publisher. This prohibition extends (with
certain very limited exceptions) to photocopying and similar
processes, and written permission to make a copy or copies
must therefore be obtained from the publisher in advance. It
is advisable to consult the publisher if there is any doubt
regarding the legality of any proposed copying.

Contents

		page
Preface		iv
1	L'incidente stradale	6
2	La signora distratta	8
3	L'incidente in montagna	10
4	Un incendio	12
5	La festa andata male	14
6	Il treno sbagliato	16
7	La scampagnata	18
8	Scamparsela bella	20
9	Colto sul fatto	22
10	L'ascensore bloccato	24
11	L'appuntamento	26
12	Tanta fretta per niente	28
13	Come cane e gatto	30
14	L'onestà è la miglior politica	32
15	Ubriaco al volante	34
16	Il corto circuito	36
17	Una nevicata improvvisa	38
18	La borsetta rubata	40
19	Non conviene rubare	42
20	Le disgrazie non vengono mai sole	44
Vocabolario		46

Preface

The twenty stories in this book have been devised to cater for the needs of adult learners and secondary pupils preparing "O" level examinations for the various boards. As well as providing training in composition skills, this book can also be used as a basis for active oral work in school or adult conversation classes. As far as possible the stories have been arranged in order of difficulty, the first five being in the present tense for the benefit of beginners.

Many picture essay books in other languages tend to be too restrictive in character, requiring each student to reproduce virtually the same essay. A more expansive approach has been adopted in this book. Hence the unusually large number of questions.

An attempt has been made to distinguish between questions which can be answered by direct reference to the pictures, and those which call for answers implicit in the story line but not immediately obvious from the frame (in *italics*). The aim of this two-tier system is to provide:
a) ample material for the teacher
b) questions which can be answered by the whole ability range
c) questions (in *italics*) for the more able student.

Vocabulary lists for each essay are collected at the end of the book. As far as possible, the words appear in the same sequence as the questions. These lists are intended to amplify the student's vocabulary by providing synonyms, related vocabulary and alternative expressions. Those questions which elicit direct speech in the answers are designed to incorporate colloquial idiom, in the hope of making the essays more lively and natural.

We would also like to underline the secondary meaning of the title. Too much fuss is often made of writing essays in a foreign language. As a result, the exercise is often seen as a major obstacle fraught with many dangers. While not wishing to minimize the problems, we trust that these stories will help to reveal another facet of the task, and make it enjoyable and stimulating for teachers and students alike.

Finally, if *Quante Storie!* succeeds in encouraging better spoken and written Italian, it will have served the purpose for which it was written.

M. Catani
L. S. Renucci
J. Watt

Glasgow
August 1978

1 L'incidente stradale

1

Che tempo fa?
A che ora si alza la famiglia Verdi?
Dov'è la loro casa?
Che cosa portano il figlio e la figlia?
Il padre, dove accompagna i figli?
Chi salutano?

2

La macchina è ancora in periferia?
C'è molta gente sul marciapiede?
Come viaggia la macchina?
Perchè un cane lupo corre di colpo davanti alla macchina?

3

Che cosa fa il padre?
Che cosa succede poi?
Verso che cosa slitta la macchina?
Perchè si voltano subito i passanti?

4

In che stato è la macchina dopo lo scontro?
Dove corre il passante?
A chi telefona?
Che cosa dice?

5

Dopo quanto tempo arriva l'ambulanza?
E la polizia stradale?
Dove mettono i feriti?
L'ambulanza, dove porta a tutta velocità i feriti?

6

Che ferite ha il ragazzo?
E la ragazza?
Come sta il padre?
Che cosa dice la madre?
Che cosa risponde suo marito?
Per quanto tempo sono ricoverati nell'ospedale?

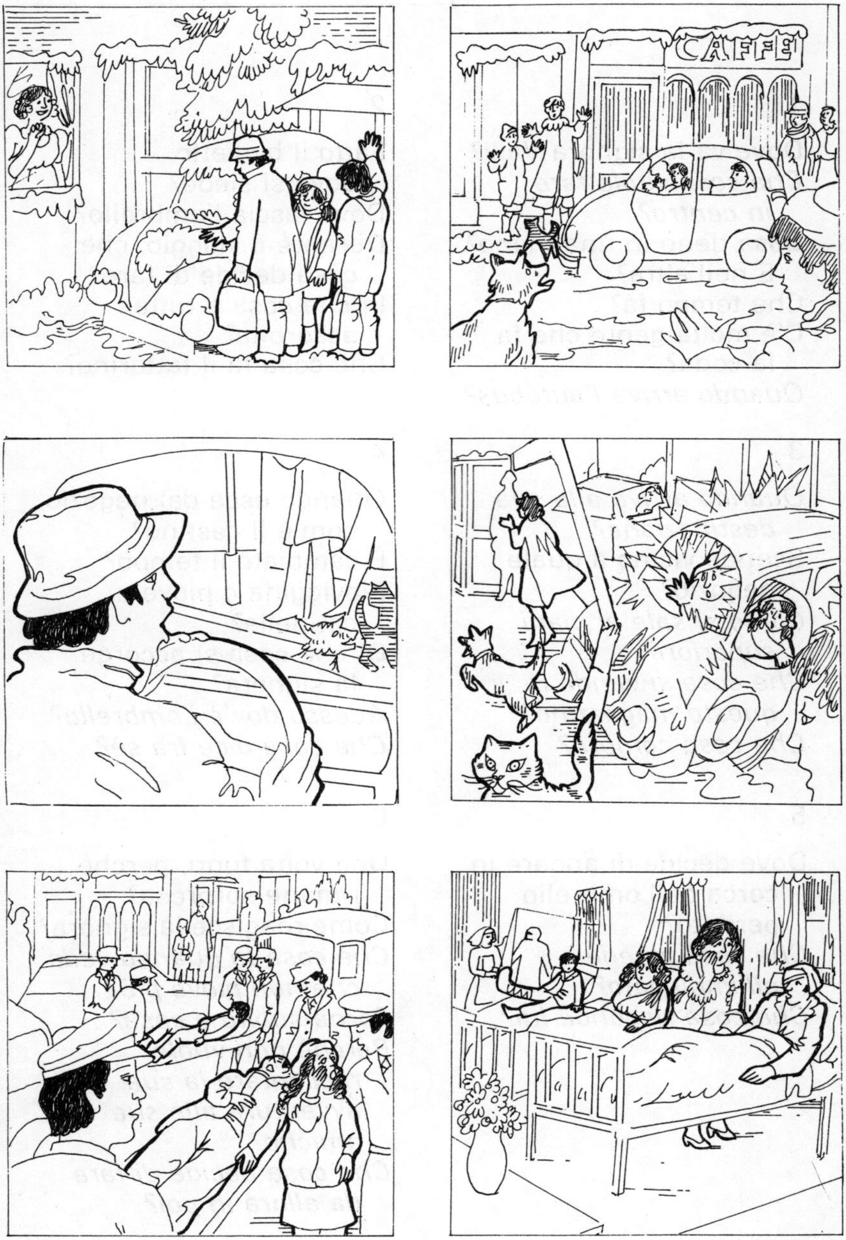
CAFFE

2 La signora distratta

1
Dove va la signora Valli?
Che cosa vuole fare in centro?
Cosa tiene in una mano? E nell'altra?
Che tempo fa?
C'è molta gente che fa la coda?
Quando arriva l'autobus?

2
Fatto il biglietto, dove si siede?
Dove lascia l'ombrello?
Durante il viaggio, che cosa decide di fare?
In che cosa è tutta assorbita?
Che cosa fa il fattorino?

3
Quando arriva alla sua destinazione?
Scende vicino a quale negozio?
Come si sale ai piani superiori?
Che cosa si vende in questo magazzino?
Che cosa compra?

4
Quando esce dal negozio, com'è il cestino?
È cambiato il tempo?
Pioviggina o piove a catinelle?
Di che cosa si accorge la signora?
Adesso dov'è l'ombrello?
Che cosa dice fra sè?

5
Dove decide di andare in cerca dell'ombrello perduto?
Che cosa chiede all'impiegato?
Che cosa risponde lui?

6
Una volta fuori, perchè rimane sorpresa?
Come reagisce la signora?
Che cosa fa quando vede che non piove più?
Torna subito a casa?
Perchè non vuole raccontare la sua avventura alle sue amiche?
Che cosa decide di fare da allora in poi?

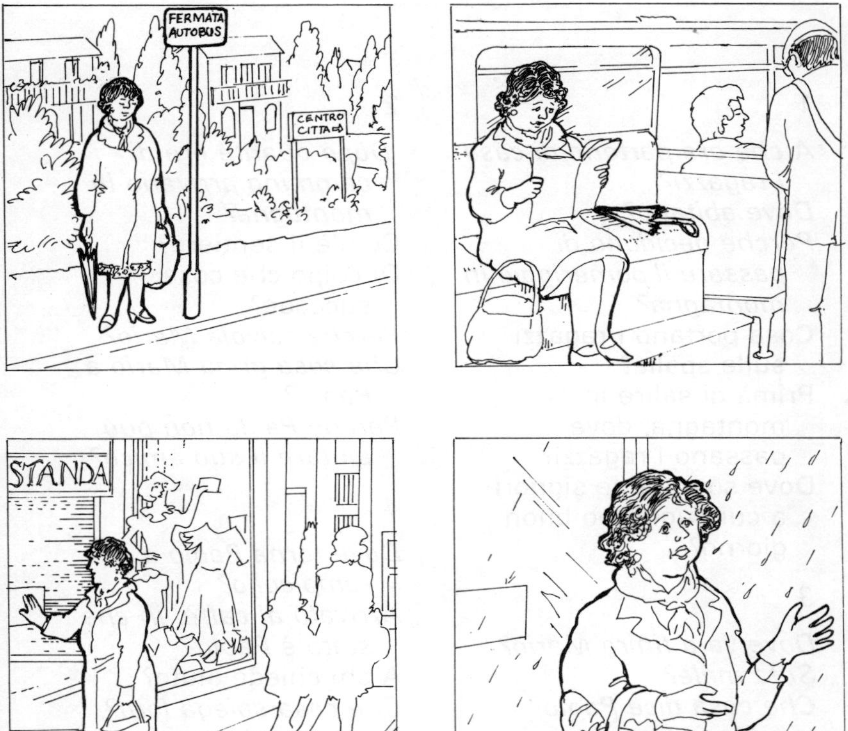
FERMATA AUTOBUS
CENTRO CITTÀ
STANDA
OGGETTI SMARRITI

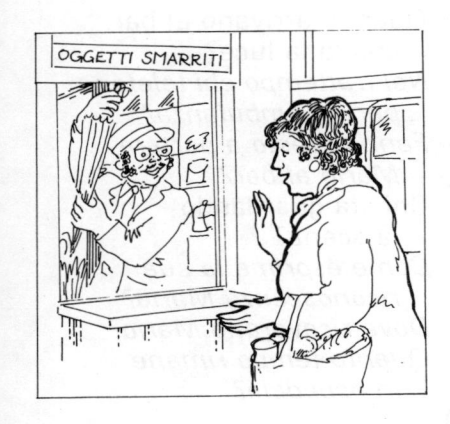

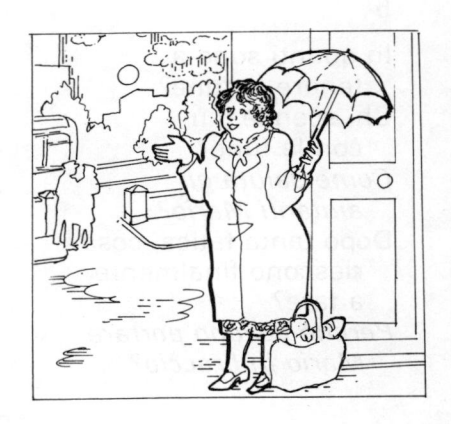

3 L'incidente in montagna

1
A che ora partono di casa i ragazzi?
Dove abitano?
Perchè decidono di passare il pomeriggio in montagna?
Cosa portano i ragazzi sulle spalle?
Prima di salire in montagna, dove passano i ragazzi?
Dove sono i due signori a cui augurano buon giorno?

3
Dove va a finire Mario?
Si fa male?
Che cosa dice Paolo a Mario?
Che cosa cerca di fare Paolo?

5
In quanti sono a tenere la fune?
Chi scende giù con la fune?
Come saluta gli aiutanti Mario?
Dopo tanta fatica, cosa riescono finalmente a fare?
Perchè devono portare Mario in braccio?

2
Dopo quante ore di cammino arrivano in montagna?
Com'è il sentiero?
Di colpo che cosa succede?
Perchè scivola Mario?
Che cosa grida Mario a Paolo?
Perchè Paolo non può aiutare il suo amico?

4
Dove torna Paolo a rompicollo?
Arrivato al caffè, in che stato è Paolo?
A chi chiede aiuto?
Che cosa spiega loro?
Partono subito i signori?
Che cosa portano con loro?

6
Quando arrivano al bar, com'è la luce?
Nel frattempo chi telefona per un'ambulanza?
Fanno presto a portare Mario al bar?
Chi sta guardando la scena?
Come esprime la sua riconoscenza Mario?
Dove ricoverano Mario?
Quanto tempo rimane in ospedale?

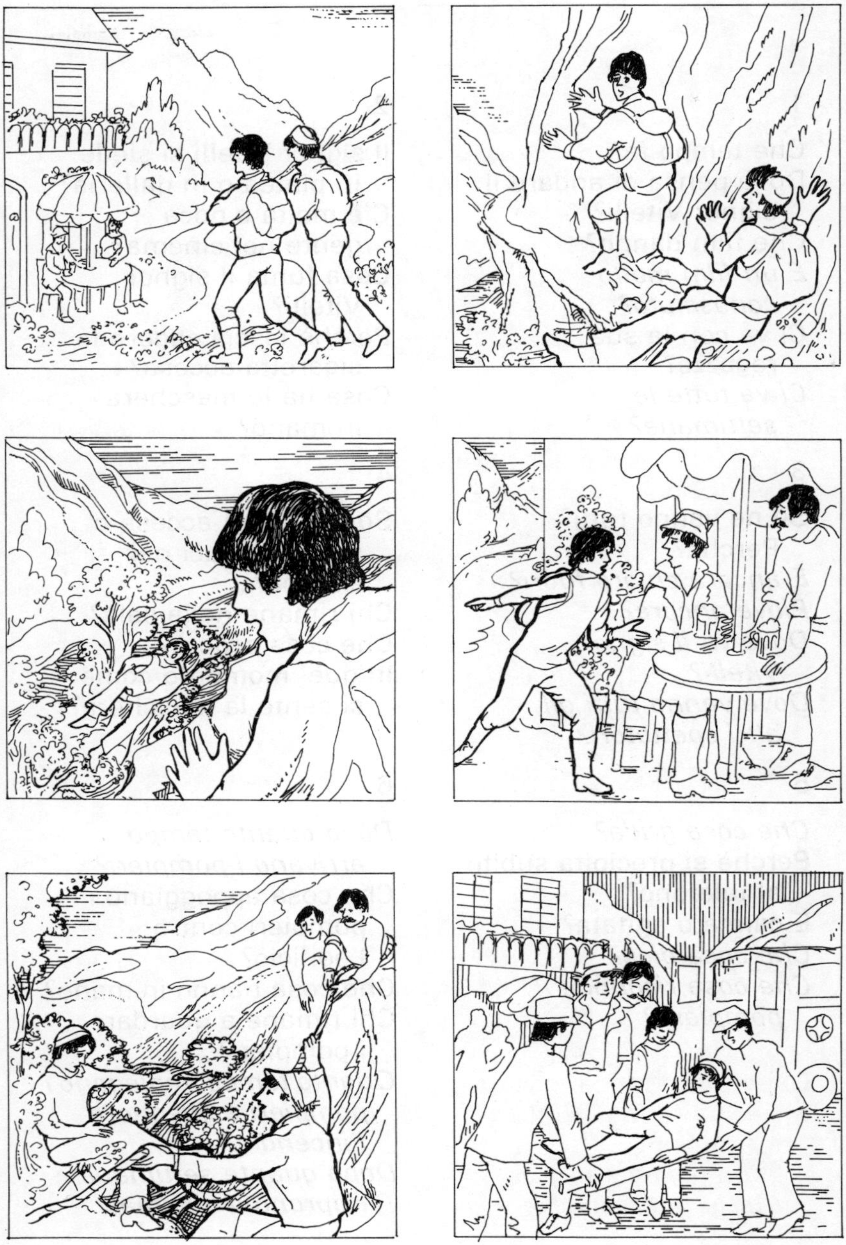

4 Un incendio

1
Che tempo fa?
Dove pensa di andare il signor Vitelli?
Che film danno?
È un film molto conosciuto?
Ci va con la sua ragazza?
Ci va tutte le settimane?

2
Il signor Vitelli si siede in platea o in galleria?
C'è molta o poca gente nel cinema?
Cosa fuma il signor Vitelli?
Perchè lascia cadere la sigaretta accesa?
Cosa ha la maschera in mano?

3
Se ne vanno tutti? Perchè?
È ancora chiaro fuori?
Piove ancora?
Dove va il signor Vitelli?
Dove vanno tutti gli altri spettatori?

4
Sono ancora accese o spente le luci nel cinema?
Chi rimane nella sala?
Che cosa scopre?
In quel momento come si sente la maschera?

5
Che cosa grida?
Perchè si precipita subito al telefono?
È calma o agitata?
Che cosa dice?
Che cosa risponde il pompiere?

6
Dopo quanto tempo arrivano i pompieri?
Che cosa appoggiano i pompieri contro l'edificio?
Che cosa hanno in mano?
Chi rimane a guardare i pompieri?
Quanto tempo impiegano i pompieri a spegnere l'incendio?
Dopo quante settimane riaprono il cinema?

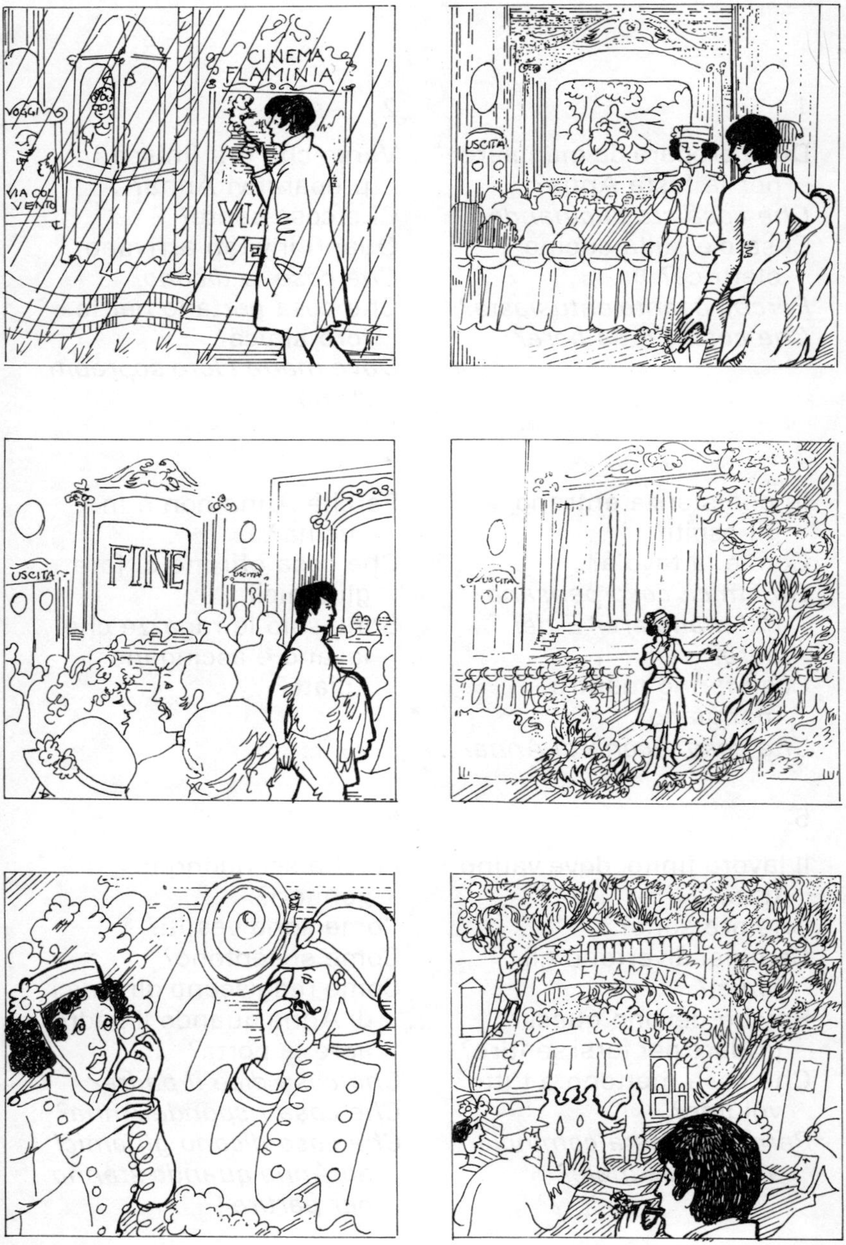
CINEMA FLAMINIA
VIA COL VENTO
USCITA
FINE
USCITA
USCITA

5 La festa andata male

1
Dove prepara da mangiare per la festa Anna?
Che cosa sta cucinando?
Cosa c'è sulla cucina elettrica?
Perchè è tanto entusiasta?
Che cosa c'è da bere?

2
Verso che ora finisce i preparativi Anna?
Che cosa sente?
Quanti invitati arrivano?
Che cosa le dicono?
Che cosa portano per la loro amica?
Dove mette i loro soprabiti Anna

3
In che stanza entrano gli ospiti?
Com'è la tavola?
Gli amici, cosa pensano del mangiare? E del bere?
Cosa fanno mentre mangiano?
Che cosa dicono di Anna?

4
Perchè Anna non è in cucina?
Che cosa offrono di fare gli amici?
Sono solo le ragazze che lavano e asciugano i piatti?

5
Il lavoro finito, dove vanno tutti?
Che ore sono?
Come si divertono gli amici?
Perchè devono quasi gridare per farsi sentire?
Che cosa mettono a tutto volume?
Perchè la festa comincia ad andare male?

6
Perchè scendono i genitori?
Come sono vestiti?
Come si sentono?
Come reagiscono gli amici di Anna quando il padre apre la porta?
Che cosa dice il padre?
Che cosa risponde Anna?
Che cosa dicono gli amici ad Anna quando stanno per partire?

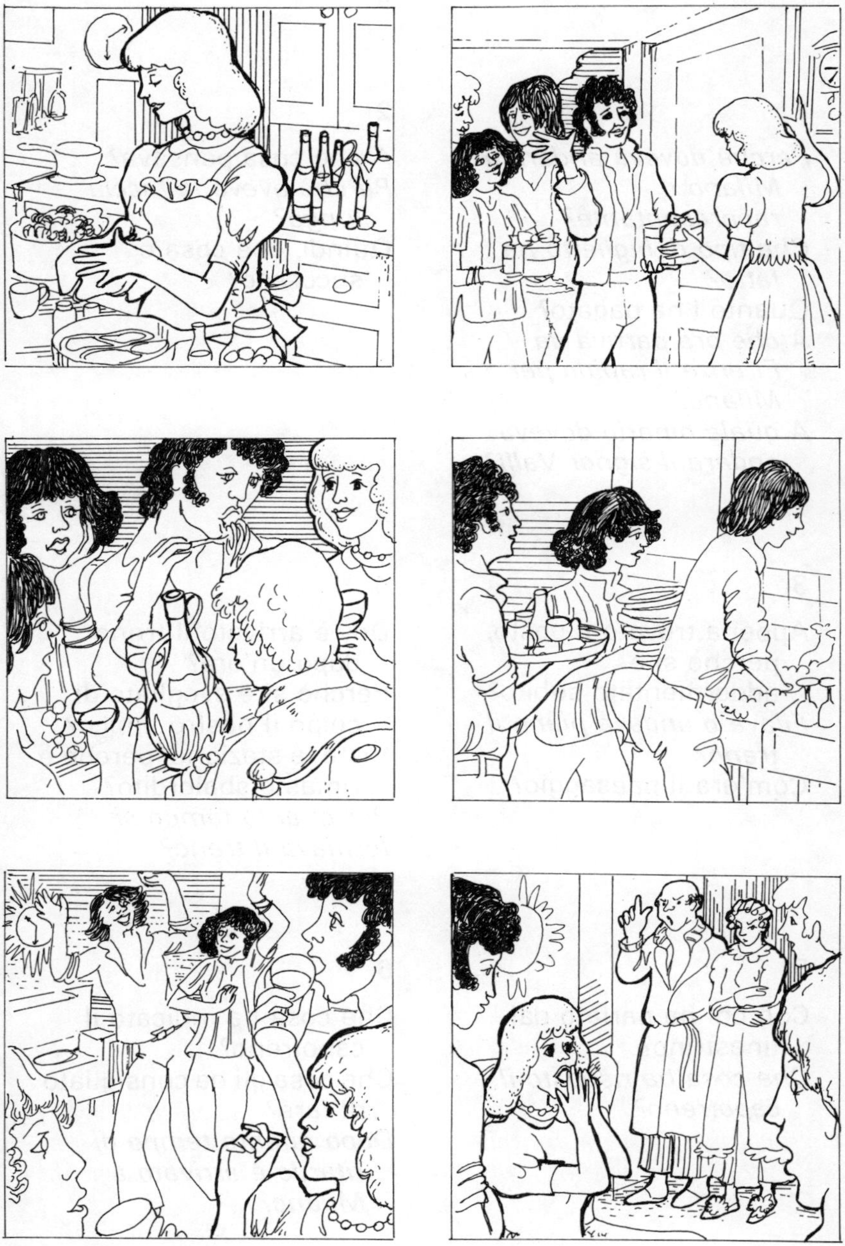

6 Il treno sbagliato

1

Perchè doveva andare a Milano il rappresentante?
Che tipo di biglietto ha fatto?
Quanto l'ha pagato?
A che ora partiva da Firenze il rapido per Milano?
A quale binario doveva andare il signor Valli?

2

A che cosa pensava?
Perchè aveva la faccia lunga?
Quindi, che cosa è successo?

3

Appena trovato il posto, perchè si è addormentato subito?
Filava o andava piano il treno?
Com'era il paesaggio?

4

Dov'è arrivato il treno dopo un'ora?
Perchè si è svegliato di colpo il nostro amico?
Vista la stazione, perchè è rimasto sbalordito?
Per quanto tempo si fermava il treno?

5

Con chi ha parlato dal finestrino?
Che cosa ha risposto il capotreno?

6

Che cosa ha indicato il capotreno?
Che cosa gli ha consigliato di fare?
Dopo quanto tempo di ritardo è arrivato a Milano?

FIRENZE
FIRENZE
L 6000
MILANO
FIRENZE-ROMA
AREZZO
MILANO
FIRENZE
N
O
E
S
AREZZO
NZE-ROMA
FIRENZE ROMA
ROMA-MIL

7 La scampagnata

1

Che periodo dell'anno era?
Andavano in campagna in treno?
Che tempo faceva quando sono partiti?
Che tipo di macchina avevano?
Perchè hanno dovuto mettere il cesto grande sulla reticella portabagagli?

2

Perchè hanno dovuto aspettare molto tempo all'entrata dell'autostrada?
Alla fine della loro lunga attesa come erano diventati i Rossi?
Perchè hanno dovuto abbassare i finestrini della macchina?

3

Dopo quanto tempo sono arrivati in campagna?
Che cosa hanno cominciato subito a fare?
Che cosa avevano portato da mangiare e da bere?
Che cosa si vedeva in lontananza?
Di che cosa non si erano neanche accorti i Rossi?
Che cosa faceva il toro in mezzo al campo?

4

All'insaputa dei Rossi che cosa ha fatto il toro?
Come mai non l'hanno visto?
D'un tratto, che cosa hanno sentito?

6

Proprio allora cos'è successo?
Dove hanno cercato subito rifugio?
In che stato erano i Rossi quando sono arrivati alla macchina?
Che cosa hanno deciso di fare?
Quando sono arrivati a casa?
Che cosa ha detto fra sè il signor Rossi?

5

Come sapevano i Rossi che il toro era feroce?
Impauriti, che cosa hanno fatto i Rossi?
Che cosa ha calpestato il toro?

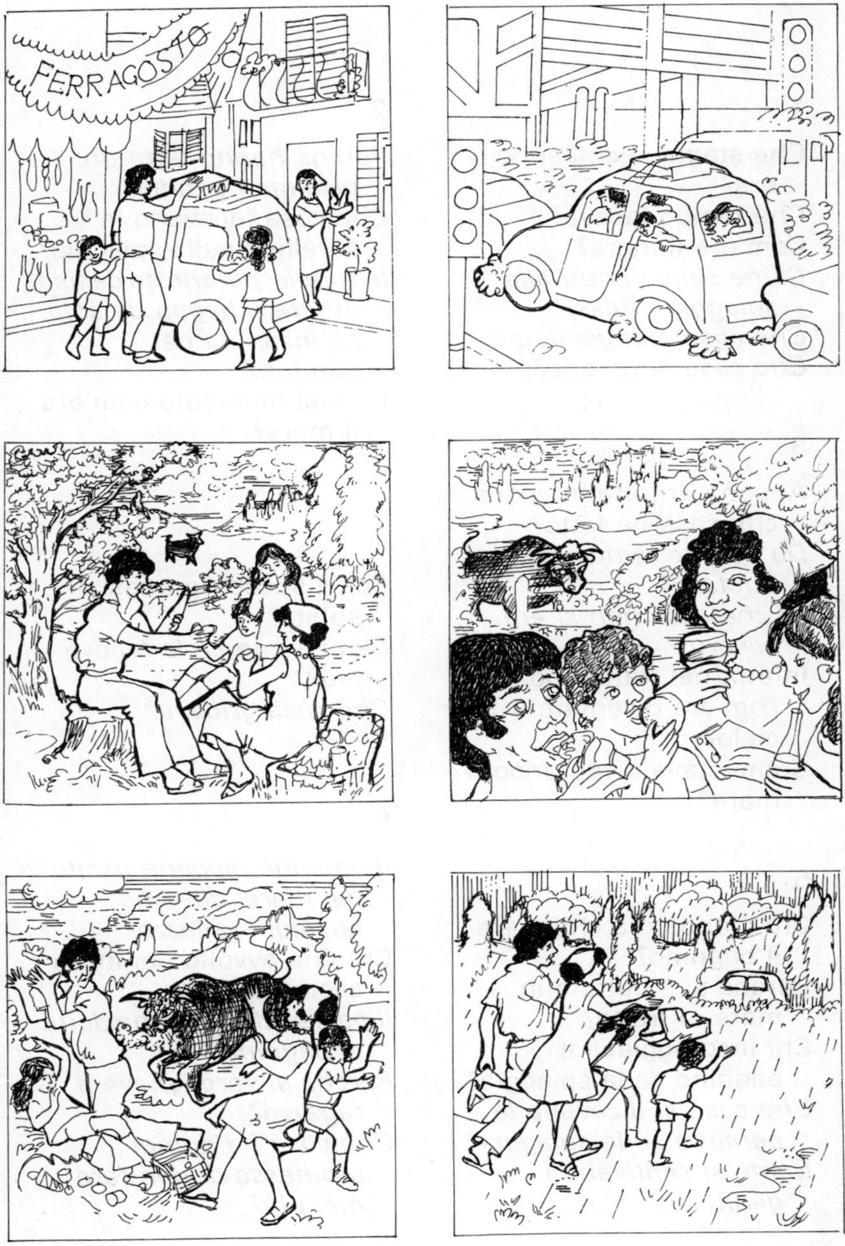
FERRAGOSTO

8 Scamparsela bella

1

Che stagione dell'anno era?
Che tempo faceva?
Com'era il mare?
Come sono venuti alla spiaggia i Rossi?
Che cosa mangiavano?
Che cosa bevevano?

2

Perchè hanno fatto un pisolino i genitori?
Che cosa facevano le sorelline sulla spiaggia?
Il fratello, perchè ha deciso di fare il bagno da solo, all'insaputa dei genitori?
In quel momento com'era il mare?

3

Appena entrato in acqua che cosa ha fatto?
Da quanto tempo sapeva nuotare?
Di che cosa non si era accorto?
Infatti, nel frattempo, com'era diventato il cielo?
Come stava diventando il mare?

4

Cos'è successo quasi subito?
Perchè non ce la faceva più?
Che cosa gridava?

5

Chi è andato a chiamare il bagnino?
Perchè si è buttato in mare in fretta?
Chi incoraggiava il bagnino dalla spiaggia?
Che cosa si dicevano le persone sulla spiaggia?
Come si sentivano i genitori?

6

Il bagnino, appena uscito dal mare, dove ha posato il ragazzo?
Chi l'ha avvolto poi in un asciugamano?
Il padre, che cosa ha detto al bagnino?
Perchè si vergognava il ragazzo?
Che cosa ha quindi promesso di non fare mai più?

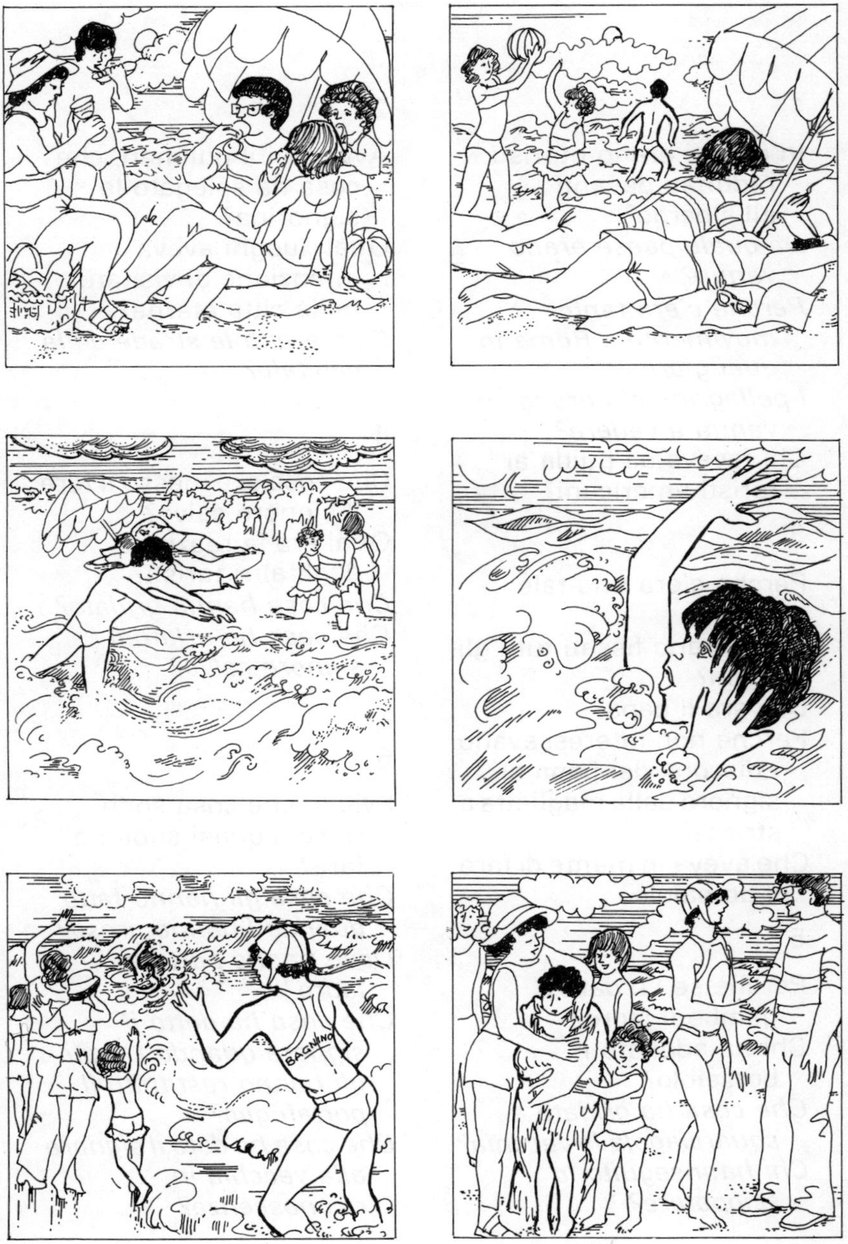
BAGNINO

9 Colto sul fatto

1

In quanti erano i turisti radunati davanti all'albergo?
Da quale paese erano venuti?
Perchè c'era tanto movimento a Roma in quei giorni?
I pellegrini, chi erano venuti a vedere?
Chi faceva da guida ai turisti americani?

3

Perchè c'era una tale folla?
Dove erano fissati tutti gli occhi?
Dov'era il papa?
Perchè non interessavano i discorsi del papa al signore dalla maglietta a strisce?
Che aveva in mente di fare il borsaiolo?

5

Perchè se l'è data a gambe il ladro?
Chi ha additato il borsaiolo?
Che cosa ha gridato a squarciagola la vecchia?
Chi ha inseguito lo scippatore?

2

Avviatosi il pullman, che cosa ha spiegato la signorina?
Quali luoghi aveva intenzione di visitare nella città eterna?
Com'erano le strade della capitale?

4

Che cosa si è messo a fare il signore calvo?
Qual'era la reazione degli altri turisti?
Che cosa hanno gridato?
Che cosa ha urlato il signore calvo?

6

I vigili, che cosa sono riusciti quasi subito a fare?
Che cosa gli hanno fatto quando l'hanno preso?
Dove hanno portato il ladro?
Che cosa ha detto il signore quando i vigili gli hanno restituito il portafoglio?
Che cosa ha dato il signore alla vecchia in riconoscenza?

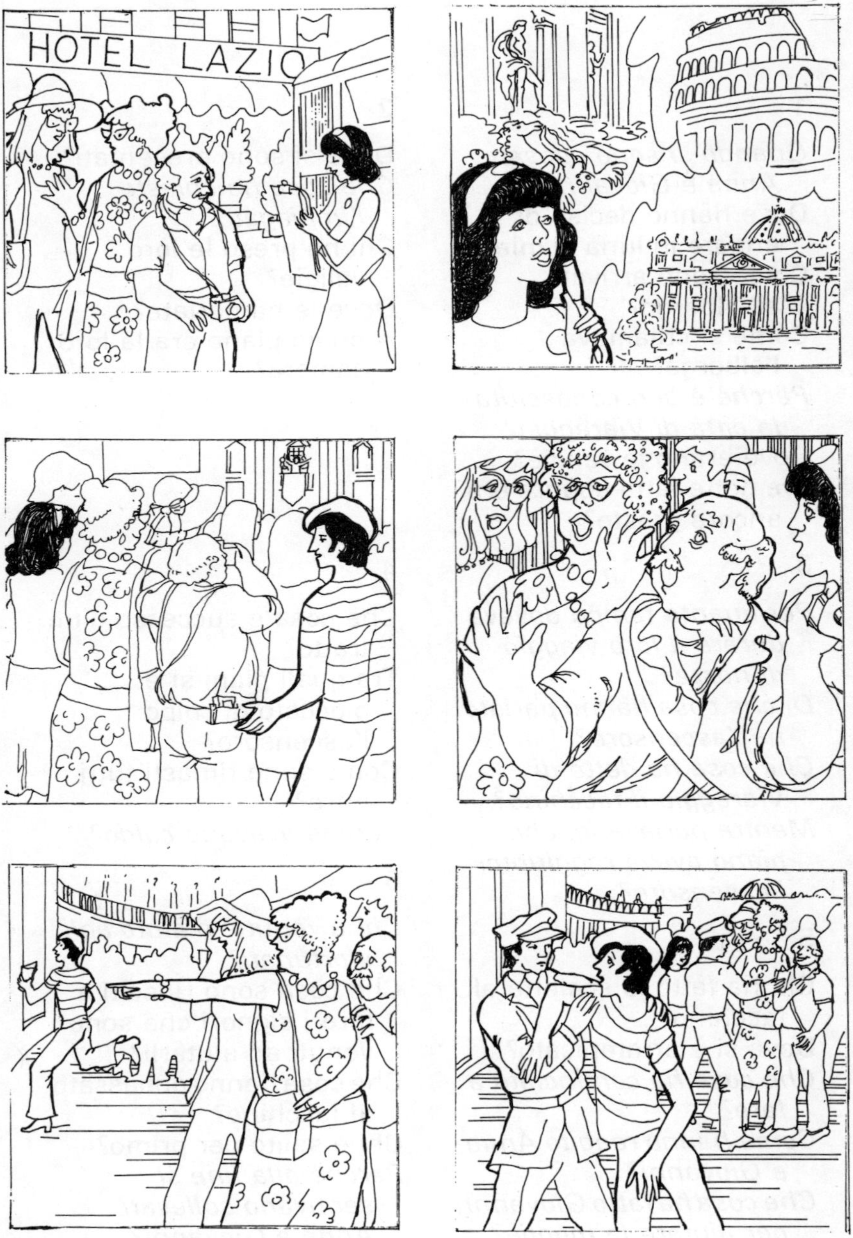
HOTEL LAZIO

10 L'ascensore bloccato

1

Quando si sono sposati Anna e Giovanni?
Dove hanno deciso di andare in luna di miele?
Come sono arrivati all'albergo?
Come si chiamava l'albergo?
Perchè è ben conosciuta la città di Viareggio?
Dove erano le valigie?
Era notte fatta oppure era ancora presto?

2

Dove si sono presentati?
Che cosa ha chiesto l'impiegato?
Chi ha preso le loro valigie?
Dove le ha portate?
A quale piano era la loro camera?

3

Per quanto tempo doveva durare il loro viaggio di nozze?
Di che cosa hanno parlato nell'ascensore?
Che cosa ha detto di Viareggio il facchino?
Mentre parlavano, che piano aveva raggiunto l'ascensore?

4

Che cosa è successo d'un tratto?
Tra quali piani si è bloccato di colpo l'ascensore?
Come sono rimasti tutti e tre?
Perchè avevano caldo?

5

Chi ha fatto la scaletta al facchino?
Dove si è arrampicato?
Che cosa ha cominciato a fare?
Come hanno reagito Anna e Giovanni?
Che cosa ha fatto Giovanni per aiutare la moglie?

6

Chi è venuto in aiuto agli sfortunati?
Che cosa sono riusciti a fare i signori che sono venuti ad aiutarli?
Che cosa hanno abbassato al facchino?
Chi è salito per primo?
Perchè alla fine si sentivano sollevati Anna e Giovanni?

TEL GUENDOLINA!
TAXI
BENVENUTI A VIAREGGIO!
SESTO PIANO!
PUM PAM!

11 L'appuntamento

1
Dov'era Carlo?
Che ore erano?
A chi telefonava?
Dove voleva andare Maria?
Per che ora si sono dati appuntamento?

2
Come si chiamava il ristorante scelto?
A che ora è arrivata davanti al ristorante Maria?
C'erano molte o poche persone in giro quella sera?
Perchè aspettava l'arrivo di Carlo con ansia crescente Maria?
Che tempo faceva?

3
Come pioveva adesso?
Che ore erano?
Perchè è entrata nel ristorante Maria?
Visto che Carlo era in ritardo, come si sentiva Maria?

4
Da quanto tempo era a tavola Maria?
Seduta alla tavola, che cosa ha deciso di fare?
Chiamato il cameriere, che cosa ha ordinato?
Che cosa ascoltavano i clienti mentre mangiavano?

5
Dopo che Maria aveva finito di mangiare, che cosa le ha dato il cameriere?
Che ore erano adesso?
Preso il conto, che cosa ha spiegato Maria al cameriere?
Perchè il cameriere ha scrollato le spalle?

6
Quando è arrivato finalmente Carlo?
Perchè era in ritardo?
Perchè era affamato?
Che cosa ha detto Carlo per scusarsi con Maria?
Ha pagato molto o poco il pranzo di Maria?

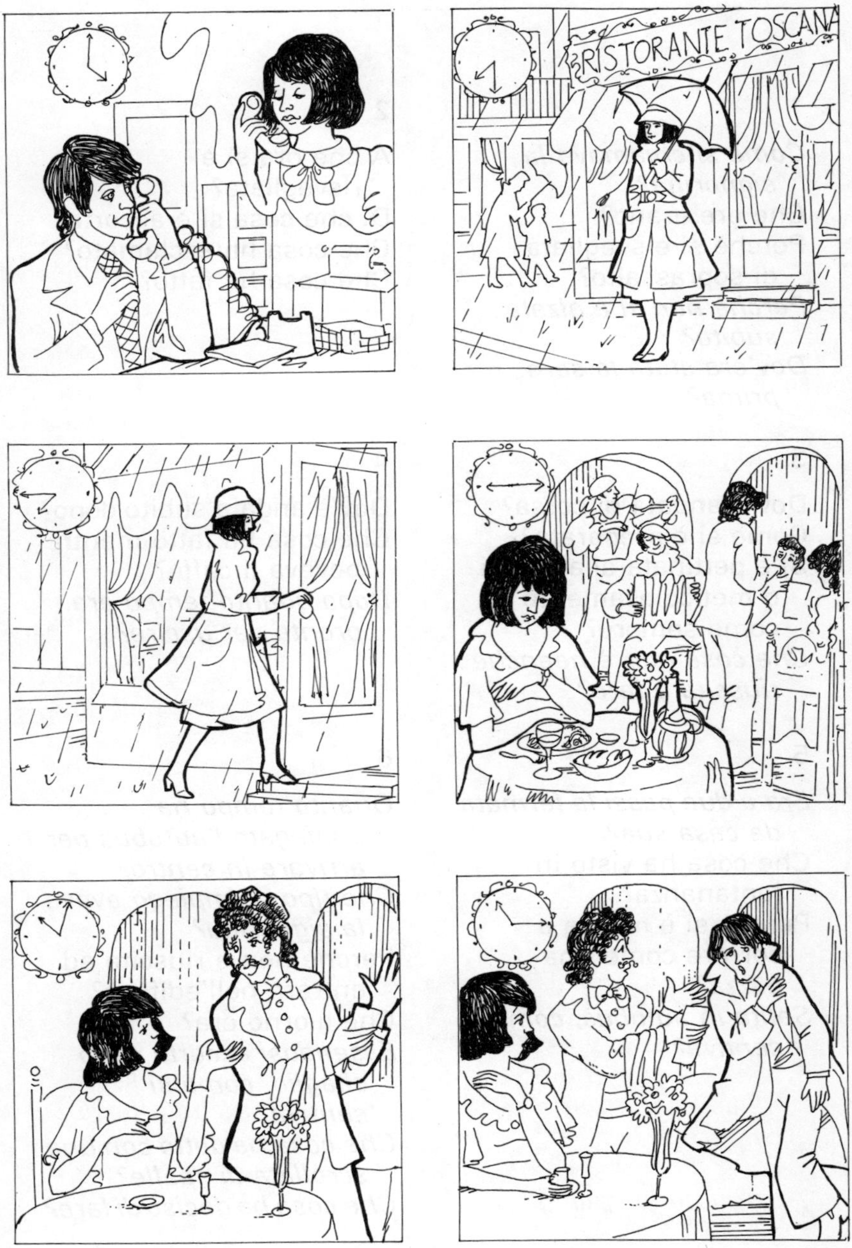
RISTORANTE TOSCANA

12 Tanta fretta per niente

1

Come si chiamava la signorina?
Che ore erano?
Perchè si è svegliata di soprassalto?
Perchè non si è alzata subito?
Dov'era stata la sera prima?

2

A che ora si è risvegliata?
Di che cosa si è accorta?
Che cosa ha esclamato?
Che cosa ha fatto?

3

Dov'è andata di corsa?
Come si è preparata?
Si è pettinata alla svelta o meticolosamente come sempre?
Che cosa non è neanche riuscita a fare?

4

Dov'è andata subito dopo?
Che cosa ha fatto mentre beveva il caffè?
Dopo quanto tempo era pronta per uscire?

5

Era a due passi la fermata da casa sua?
Che cosa ha visto in lontananza?
Perchè si è messa a correre come una pazza?
Salita in autobus, come si sentiva?

6

Quanto tempo ha impiegato l'autobus per arrivare in centro?
Che tipo di impiego aveva la signorina?
Perchè non è riuscita ad entrare nell'edificio?
Che giorno era?
Essendosi accorta dello sbaglio, come si sentiva?
Che cosa ha detto con una scrollata di spalle?
Che cosa ha deciso di fare?

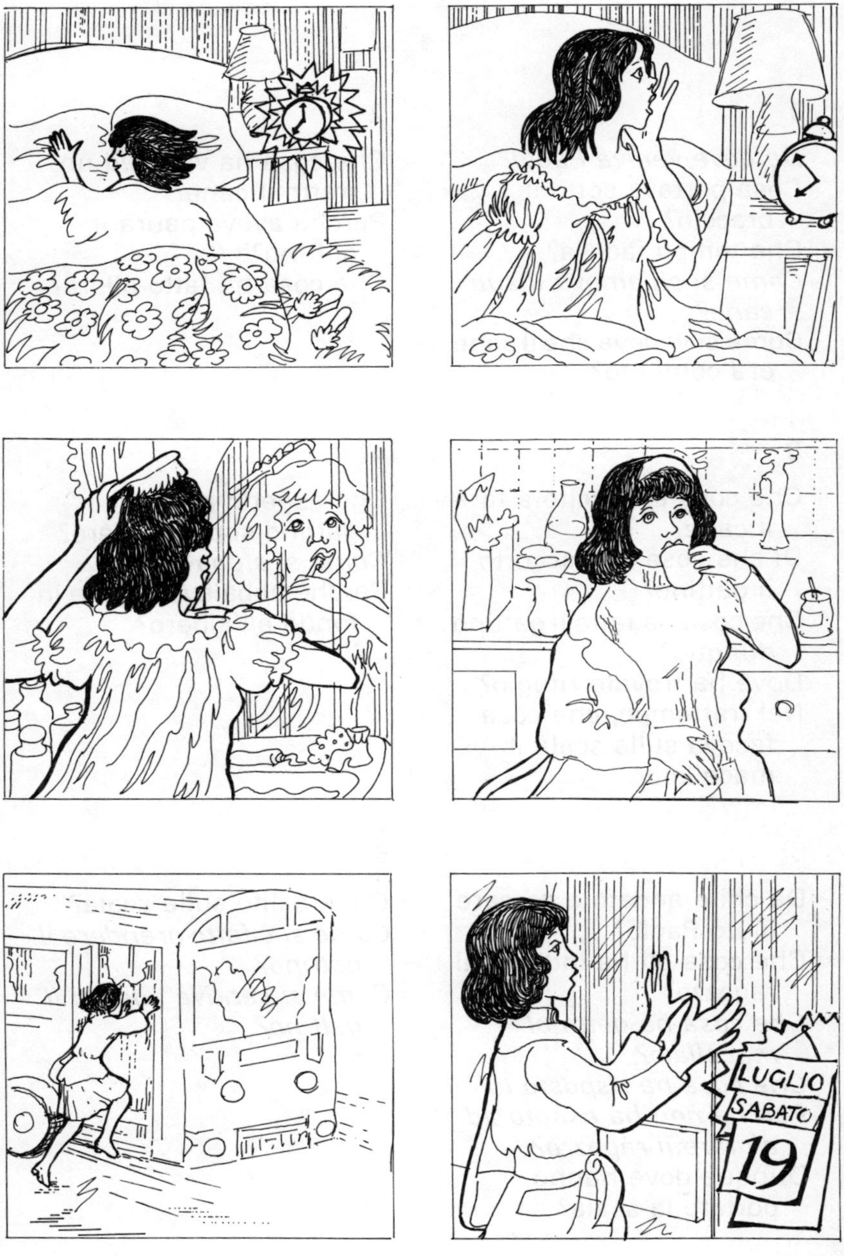
LUGLIO
SABATO
19

13 Come cane e gatto

1
Da dove veniva Paolo?
Cosa portava sotto il braccio?
Che tempo faceva?
Come si chiamava il suo cane?
Come si vedeva che il cane era contento?

2
Che cosa ha visto ad un tratto il cane?
Perchè aveva paura il gattino?
Che cosa ha fatto allora?

3
Che cosa è riuscito a fare il cane?
Di che cosa si è accorto il gattino?
Che cosa ha fatto il gattino dunque?
Dove ha trovato rifugio?
Nel frattempo, che cosa faceva sulla scala il macellaio?

4
Che aspetto aveva il gattino sopra l'albero?
Come si sfogava?
Perchè abbaiava il cane in fondo all'albero?

5
Da chi è andato a cercare aiuto Paolo?
Che cosa gli ha indicato il ragazzo?
Che cosa ha detto al macellaio?
Che cosa ha risposto lui?
Perchè non ha esitato ad aiutare il ragazzo?
Dunque dove hanno portato la scala?

6
Chi è salito sulla scala?
Come si è fatto prendere il gattino?
Come si sentiva adesso il gattino?

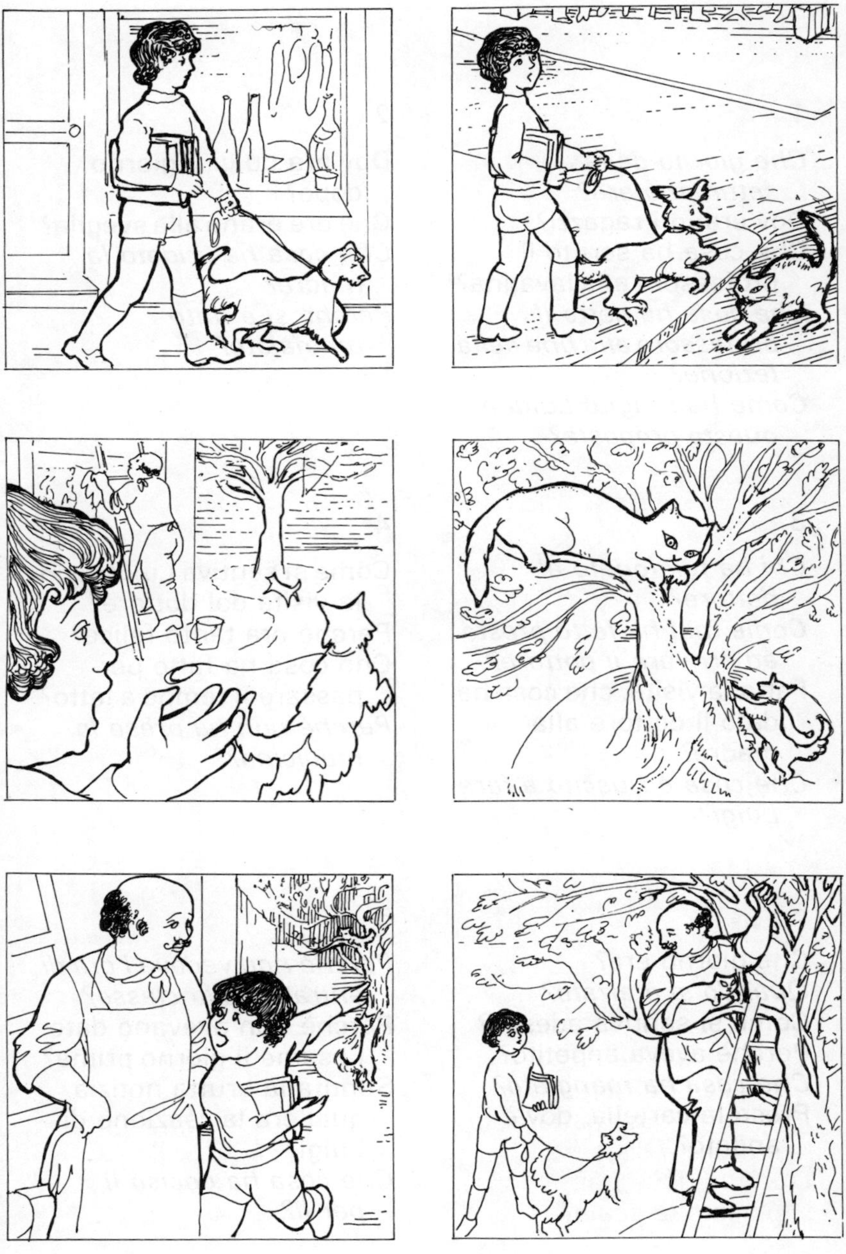

14 L'onestà è la miglior politica

1

Che giorno della settimana era?
Dov'erano i ragazzi?
Che cosa ha scritto il professore alla lavagna?
Che cosa ha detto il professore alla fine della lezione?
Come ha reagito Luigi a questa proposta?

2

Dov'era Luigi il giorno dopo?
Che ore erano alla sveglia?
Che cosa ha gridato la madre?
Perchè si è finto ammalato?

3

Chi ha telefonato al dottore?
Come mai ha fatto presto ad arrivare il dottore?
Fatta la visita, che cosa ha dato il dottore alla madre?
Che cosa è riuscito a fare Luigi?

4

Come si sentiva Luigi dopo la visita del dottore?
Perchè era tanto felice?
Che cosa ha fatto per passare il tempo a letto?
Perchè non ha preso la medicina?

5

Che giorno era?
Quando si è alzato?
Come si sentiva adesso?
Perchè aveva appetito?
Che cosa ha mangiato?
Presa la cartella, dov'è andato?

6

Perchè non vedeva l'ora di entrare nella classe?
Perchè non avevano dato l'esame il giorno prima?
Sentita la brutta notizia, qual'era la reazione di Luigi?
Che cosa ha deciso lì per lì?

DOMANI
ESAME
9 30
ESAME
OGGI
MI DISPIACE —
ERO AMMALATO IERI
DAREMO L'ESAME
OGGI!

15 Ubriaco al volante

1

Perchè c'era tanta gente riunita nella sala?
Come si chiamavano gli sposini?
Cosa stavano facendo gli invitati?
Perchè c'erano delle bottiglie di sciampagna?
Com'era vestita la sposa?
Chi stava per fare un discorso?
Che tipo era il testimone?

2

Finito il ballo, dove sono andati gli invitati?
Dove si è diretto il testimone? *Come camminava?*
Com'era la macchina?
Dove aveva intenzione di andare?
Quanto aveva bevuto?

3

Come si sentiva dopo qualche minuto?
Perchè aveva caldo?
Che cosa ha fatto con la cravatta?
Perchè non dava retta alla strada?

4

Dove stava per imboccare la macchina?
Che cosa non ha visto?
Perchè cantava?

5

D'un tratto che cosa è spuntato?
Riconosciuta la macchina, che cosa ha pensato il testimone?
Che cosa si è detto?
Com'era la macchina della polizia stradale?

6

Quando le macchine si sono incontrate, che cosa hanno fatto i poliziotti?
Che cosa hanno detto al testimone?
Cosa ha risposto?
Che cosa hanno chiesto di vedere?
Cosa ha scritto uno dei poliziotti?
In conclusione, perchè non gli hanno fatto la multa?

16 Il cortocircuito

16 Il corto circuito

1

Quanti anni aveva l'alunno?
A che ora si era messo a studiare?
Che materia studiava?
Perchè si dava tanta fatica a studiare?
Siccome era buio, che cosa ha fatto?

2

Che cosa è successo di colpo?
Che cosa ha detto l'alunno?
Colpito dal buio improvviso, com'è rimasto?
Che cosa ha deciso di fare?
In che modo ha sceso le scale?

3

Perchè avevano tolto la luce nel paese?
L'alunno, che cosa ha chiesto alla vicina di casa?
Che cosa ha offerto di fare la signora?

4

Tornato a casa, che cosa ha fatto l'alunno?
Perchè non poteva permettersi di andare a letto?
Perchè gli era difficile leggere i suoi libri?
Via via cosa gli succedeva?

5

A che ora ha smesso di studiare?
Come si sentiva?
Dov'è andato?
Perchè si è portato dietro la candela?

6

D'un tratto, che cosa è successo?
In quel momento, cosa stava facendo l'alunno?
Vista la luce, era contento?
Com'era la sua camera da letto?

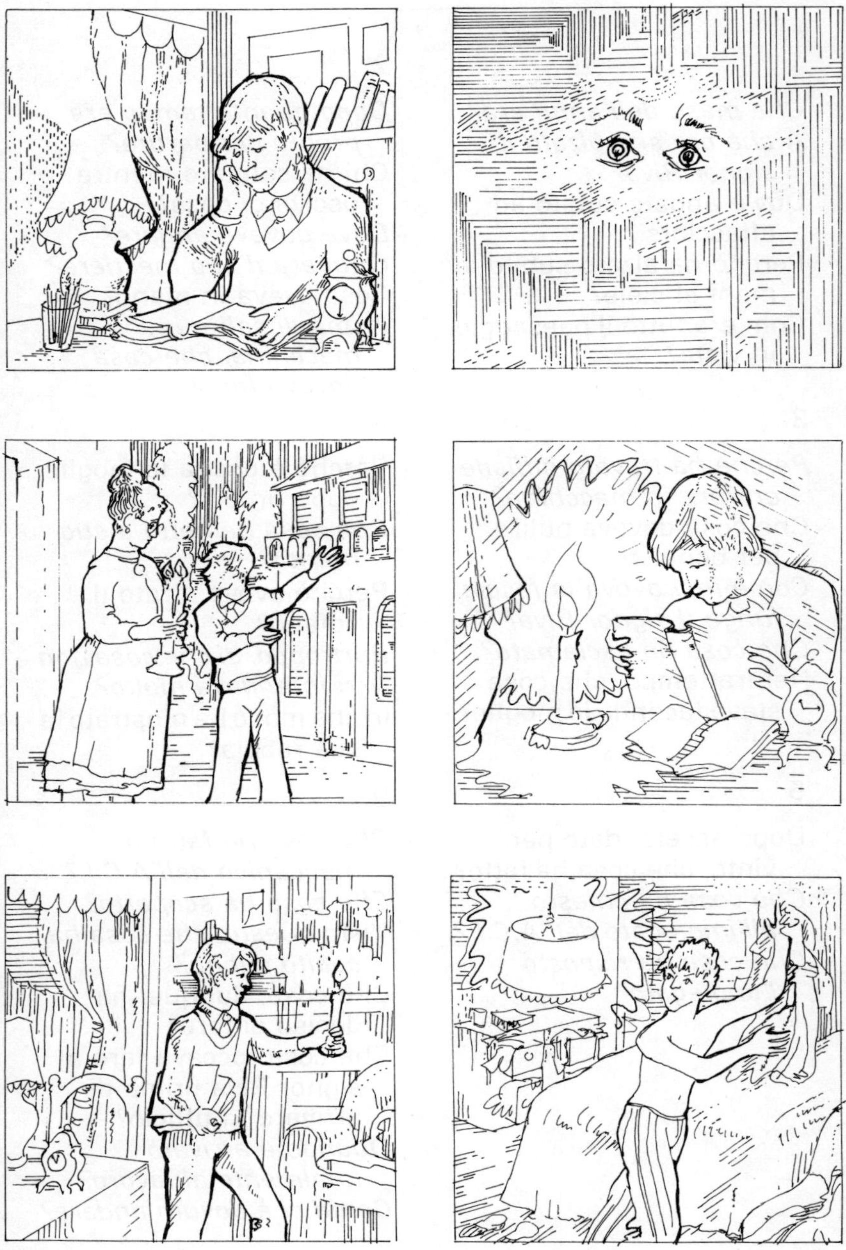

17 Una nevicata improvvisa

1

Che mese dell'anno era?
A che ora si è alzato il signor Riva?
Dov'è andato subito ad affacciarsi?
Perchè ha alzato subito le mani al cielo?
Com'era tutto il paesaggio in vista?

2

Dopo quanto tempo era pronto per partire?
Chi ha salutato mentre usciva di casa?
Dove doveva andare?
Qual'era il suo mestiere?
Cosa aveva in mano?
Prima di salire in macchina, che cosa doveva fare?

3

Perchè ha trovato difficile entrare in macchina?
Che cosa doveva pulire per bene?
Come mai aveva la faccia lunga il signor Riva?
Che cosa ha esclamato?
Nel frattempo, che cosa stava facendo la moglie?

4

Perchè è uscita la moglie dopo un po'?
Che cosa ha detto a suo marito?
Perchè aveva alzato il cofano?
Purtroppo, di che cosa non si intendeva molto?
In che modo ha mostrato la sua rabbia?

5

Dopo essersi dato per vinto, che cosa ha fatto?
Che cosa ha chiesto all'impiegato dell'A.C.I.?
Che cosa ha risposto l'impiegato?

6

Che cosa ha fatto il meccanico dell'A.C.I.?
Che cosa ha scoperto?
Visto questo, che cosa ha capito subito?
Che cosa, dunque, ha deciso di fare?
Che cosa toccava fare al signor Riva prima di arrivare in ufficio?
Quando è arrivato finalmente al lavoro?
Come ci è dovuto andare?

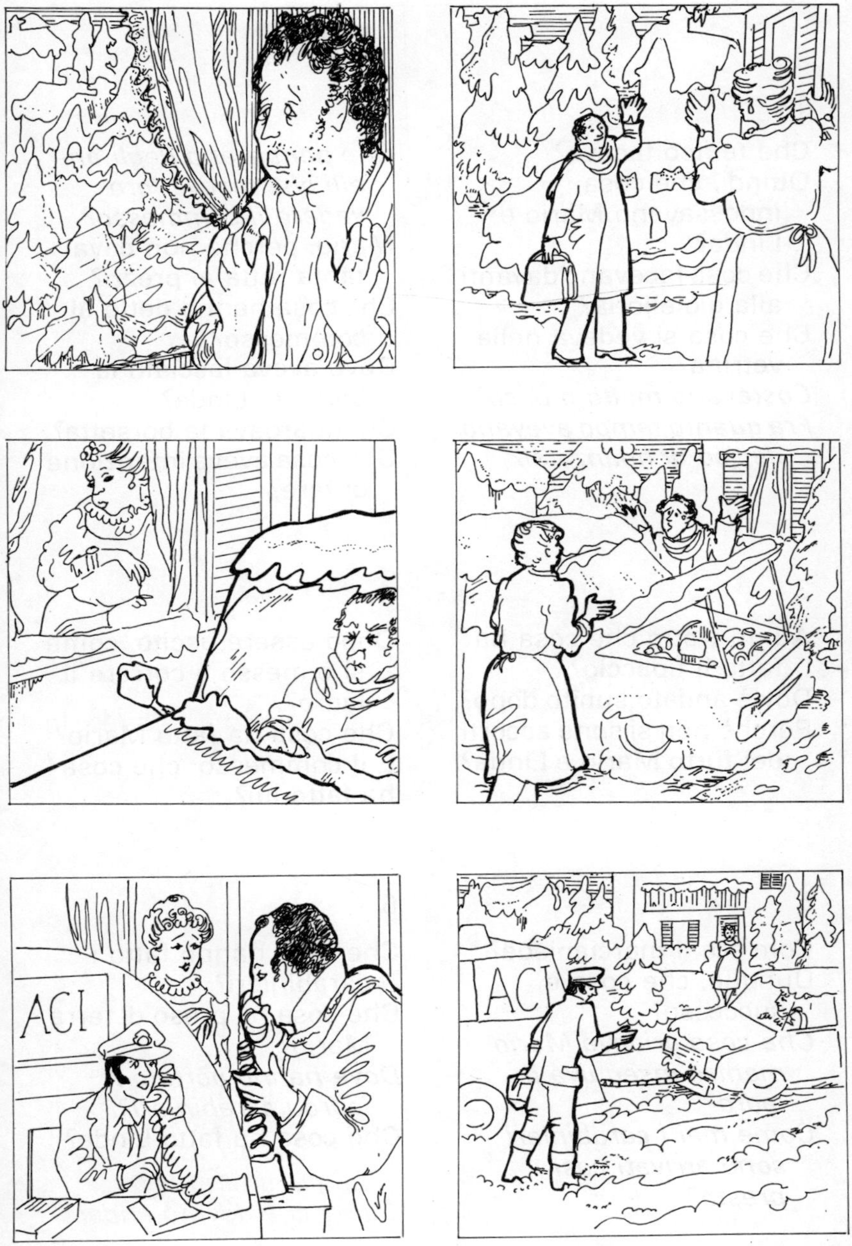
ACI
ACI

18 La borsetta rubata

1

Che tempo faceva?
Quindi, che cosa indossavano Mario e Linda?
Che cosa facevano davanti alla gioielleria?
Che cosa si vedeva nella vetrina?
Costavano molto o poco?
Fra quanto tempo avevano deciso di fidanzarsi?

2

Che pensavano degli anelli che faceva loro vedere il commesso?
Mario, perchè non dava tanta retta ai prezzi?
Che cosa hanno detto al commesso?
Dove aveva lasciato la borsetta Linda?
Chi guardava la borsetta?
Che cosa aveva intenzione di fare?

3

Ad un tratto che cosa ha fatto il tipaccio?
Dov'è andato subito dopo?
Perchè non si sono accorti del furto Mario e Linda?

4

Dopo essere uscito, come si è messo a correre il ladro?
Che cosa ha fatto Mario?
E il commesso, che cosa ha fatto lui?

5

Com'era il marciapiede?
Dunque, che cosa è successo?
Che cosa gridava Mario mentre inseguiva il ladro?
Come mai i carabinieri sono arrivati così presto?

6

Che cosa hanno fatto i carabinieri?
Che cosa ha preso di terra Mario?
Dove hanno portato il ladro i carabinieri?
Che cosa ha fatto Linda?

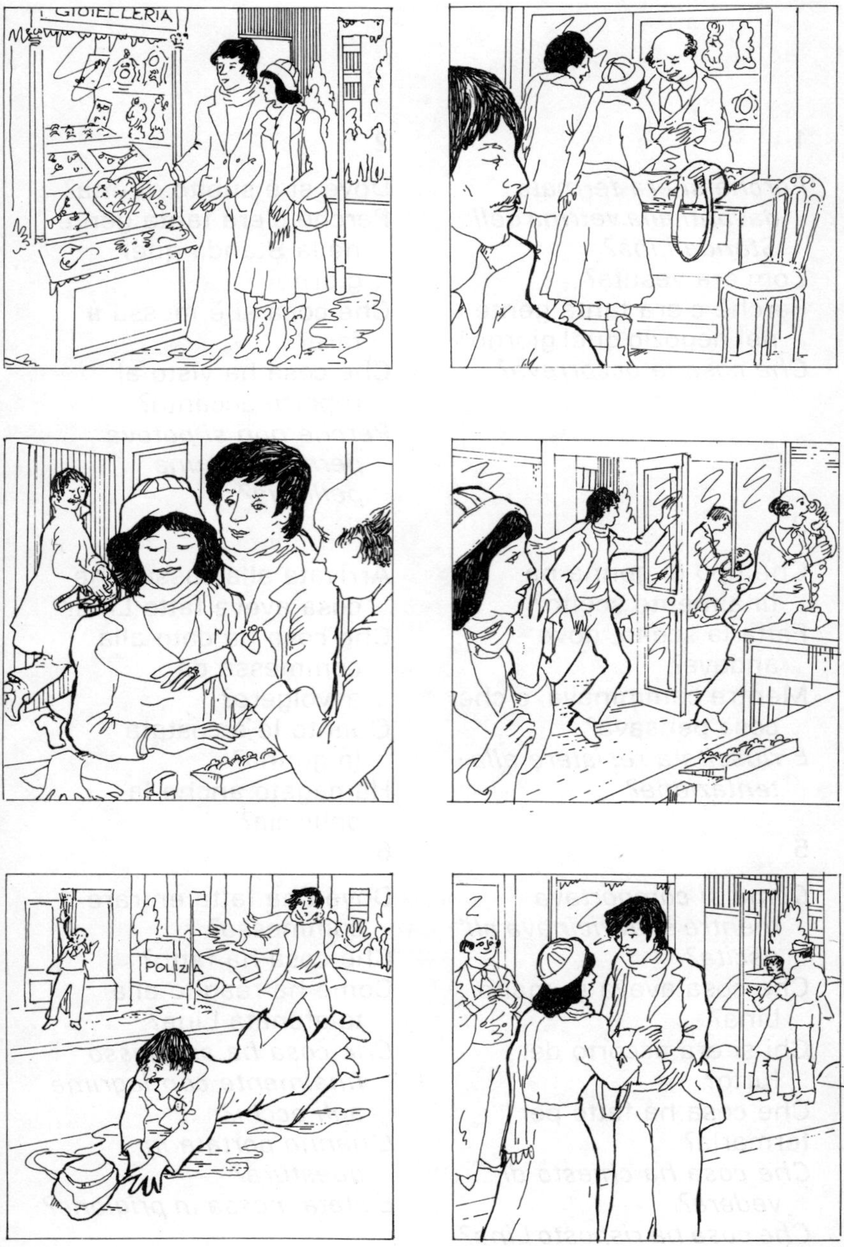
GIOIELLERIA
POLIZIA

19 Non conviene rubare

1

Perchè si era fermata davanti alla vetrina della Standa Lina?
Com'era vestita?
Perchè c'era tanta gente nel negozio quel giorno?
Che cosa le occorreva?

2

Dove si è subito diretta?
Perchè c'era tanta gente nella Standa quel giorno?
Che cosa si è messa a fare?
Che cosa ha visto al reparto accanto?
Perchè non si poteva permettere una pelliccia?

3

Che tipo di gonna ha finalmente scelto?
Fatta la scelta, dove andava?
Mentre camminava, a che cosa pensava?
È riuscita a resistere alla tentazione?

4

Arrivata alla cassa, che cosa aveva fatto Lina?
Che cosa ha dato alla commessa da avvolgere?
Quanto le è costata la gonna?
Ha pagato anche la pelliccia?

5

Come si comportava mentre si avvicinava all' uscita?
Che cosa aveva in mano Lina?
Chi si era accorto del furto?
Che cosa ha fatto per fermarla?
Che cosa ha chiesto di vedere?
Che cosa ha risposto Lina?

6

Dove l'ha fatta entrare il commesso?
Che cosa ha fatto?
Come ha reagito alla telefonata Lina?
Che cosa ha ammesso finalmente con lagrime agli occhi?
L'hanno portata in questura?
E stata messa in prigione?

20 Le disgrazie non vengono mai sole.

20 Le disgrazie non vengono mai sole

1

Che giorno era?
Come si chiamavano i due giovanotti?
Di quale squadra erano tifosi?
Cosa portavano?
Dove aveva luogo la partita?
Che ore erano?
A che ora cominciava la partita?
Quanto tempo ci voleva per andare da Genova a Cagliari?

2

Che tempo faceva quando sono partiti?
C'erano tante persone a bordo?
Da quale città erano partiti quella mattina?
Com'era il mare?
Perchè alcuni tifosi sono andati nell'interno del traghetto?
Perchè i nostri amici sono rimasti all'aperto?

3

Com'era diventato il mare?
Come si sentivano i due ragazzi?
Dove sono andati quando stavano proprio per rimettere?
Com'erano le onde?

4

Che cosa è successo al giovanotto dalla barba quando un'ondata l'ha scaraventato contro una panca?
Che cosa ha gridato?

5

Finalmente, in che stato sono arrivati a Cagliari i tifosi?
Come hanno portato via il nostro ferito?
Chi l'ha accompagnato all'ospedale?

6

Come si sentiva il giorno dopo?
Che cosa gli ha portato il suo amico?
Che notizia portava *La Gazzetta dello Sport?*
Che cosa ha detto il suo amico?

TRAGHETTO
SPECIALE - DOMENICA
GENOVA - CAGLIARI
PARTENZA - 7.00
ARRIVO - 14.0
JUVENTUS
CAGLIARI
CALCIO
CAGLIARI 3
JUVENTUS 0

VOCABOLARIO

1 L'incidente stradale

essere inverno inoltrato, to be well into winter
nei sobborghi/in periferia, in the suburbs
la sciarpa, the scarf
i guanti di lana, woollen gloves
la cartella, the schoolbag
portare a scuola, to take to school
filare, to go quickly
l'ora di punta, the rush hour
andare come il vento, to race along
veloce/forte, fast
piano/lentamente, slowly
inseguire/correre dietro, to pursue, run after
un cane randagio, a stray dog
lottare con il volante, to struggle with the steering wheel
fare in tempo a, to just have time to
frenare, to brake
di colpo, suddenly
slittare/sdrucciolare, to skid, slip
il lampione, the lamp-post
il pedone, the pedestrian
il passante, the passer-by
il cofano, the bonnet (of a car)
il parabrezza, the windscreen
schiacciarsi/cozzare contro, to smash into
rimanere ammaccato, to end up dented
uno scricchiolio di freni, a screech of brakes
rompersi in mille pezzi/andare in frantumi, to shatter, to smash into pieces
perdere controllo della macchina, to lose control of the car
un gran viavai, a great deal of bustle, activity
telefonare a, to telephone
guastare/rovinare, to spoil, break, waste
i pompieri, the firebrigade
l'ambulanza, the ambulance
il ferito, the injured person
la folla, the crowd
la ferita, the injury
il taglio, the cut
l'ammaccatura, the bruise
la lettiga/la barella, the stretcher
essere ricoverato all'ospedale, to be admitted to hospital
la fascia, the bandage
fasciare, to bandage
la pillola, the pill
avere la gamba in gesso, to have one's leg in plaster
avere mal di testa, to have a headache
si rimedia tutto tranne la morte, it's not the end of the world

2 La signora distratta

il cielo coperto/nuvoloso, the overcast sky
la fermata, the bus stop
il quartiere residenziale, the residential area
fare la coda, to queue up
fare la spesa, to do the shopping
il sedile, the seat
pieno zeppo/affollato, full up, packed
sfogliare una rivista, to leaf through a magazine
essere internato/assorbito a, to be engrossed in
fare il biglietto, to buy a ticket
in fondo a, at the back of
il fattorino/il bigliettaio, the conductor
la scala mobile, the escalator
l'ascensore, the lift
la vetrina, the shop window
attirare l'attenzione, to attract one's attention
al primo piano, on the first floor
si vende di tutto, everything is sold
carico, laden
piovere a catinelle, to rain cats and dogs
piovigginare, to drizzle
l'ufficio oggetti smarriti, the lost property office
il capolinea, the terminus
non avere più bisogno di, not to need any longer
spuntare, to peep
tra le nuvole, through the clouds
alzare/scrollare le spalle, to shrug one's shoulders
chiudere l'ombrello, to close the umbrella
dopo tutto questo fastidio, after all this trouble
smettere di piovere, to stop raining
fare brutta figura, to appear silly

3 L'incidente in montagna

lo zaino, the haversack
in città, in the city
fare una gita in montagna, to go for a trip in the mountains
godersi l'aria fresca, to enjoy the fresh air
in mezzo alle montagne, in the heart of the mountains
davanti a un bar, outside a bar
sperduto/isolato, remote, isolated
salire una montagna/fare la salita di una montagna, to climb a mountain
stretto stretto, very narrow
ripido/scosceso, steep
lo scarpone, the boot
affaticarsi, to get tired
a poco a poco, gradually
il sasso, the stone
inciampare contro, to stumble against
perdere l'equilibrio, to lose one's balance
cadere, to fall
slogarsi la caviglia, to dislocate one's ankle
rompersi la gamba, to break one's leg
nei rami di un albero, in the branches of a tree
calmare, to calm

andare in cerca d'aiuto, to go for help
subito, straight away
sfiatato, breathless
sfinito, exhausted
correre a rotta di collo, to run at breakneck speed
senza indugiare/esitare, without delay
bere tutto d'un fiato, to drink in one gulp
la fune/la corda, the rope
essere in due a tenere, to be two people holding
tirare su, to pull up
con un sospiro di sollievo, with a sigh of relief
non stare in piedi, not to be able to stand
non potere camminare, to be unable to walk
nel frattempo, in the meantime
il barista, the barman
il proprietario/il padrone, the owner
essere già notte fatta, to be dark already
farsi buio, to get dark
dire mille grazie a tutti quanti, to thank everyone profusely

4 Un incendio

fare piuttosto brutto, to be rather unpleasant weather
dare un film, to show a film
romantico, romantic
lo sportello, the ticket office
di quando in quando, now and again, occasionally
famoso, famous
l'attore, the actor
l'attrice, the actress
straniero, foreign
doppiato in italiano, dubbed in Italian
la sala, the auditorium
la maschera, the usherette
la lampadina tascabile, the torch
lasciare cadere, to drop
il mozzicone di sigaretta, the cigarette end
sedersi, to sit down
distratto, absent-minded
noncurante/trascurato, careless
andarsene, to go away
vuotarsi, to empty
il pubblico, the audience
terminato, over, finished
la fiamma, the flame
il fumo, the smoke
spargersi dappertutto, to spread everywhere
gridare a squarciagola, to scream at the top of one's voice
correre verso/precipitarsi verso, to run towards
aiuto! help!
incendio! fire!
agitato, excited
ansimare, to pant
la scala, the ladder
la manichetta (pompa) antincendio, the hose
il getto/lo spruzzo d'acqua, the jet of water
spegnere, to extinguish
fuori, outside
rovinato, ruined
una quindicina, a fortnight
un paio di mesi, a couple of months

5 La festa andata male

compire sedici anni, to have one's 16th birthday
fare i preparativi, to make preparations
togliere dal forno, to remove from the oven
la bistecca, the steak
l'arrosto, the roast
tagliare a fette, to cut in slices
il panino imbottito, the sandwich
la mortadella, Bologna sausage
il salame, salame
il formaggio/il cacio, cheese
la padella, the pan
scendere in cantina, to go down to the cellar
andare a cercare/prendere, to fetch
il fiasco di vino, the bottle of wine
la birra, the beer
l'aranciata, the orangeade
il frigorifero, the refrigerator
l'attaccapanni, the coat-stand
suonare il campanello, to ring the bell
bussare alla porta, to knock at the door
il regalo, the present
carico di, laden with
buon compleanno a te! happy birthday to you!
ringraziare, to thank
una brava cuoca, a good cook
trovare ottimo il mangiare, to find the food excellent
saporito, tasty, savoury
fare una bella bevuta, to have a good drink
sparecchiare, to clear away
lavare le stoviglie/i piatti, to wash the dishes
il canovaccio, the dish-cloth
il salotto, the living-room, lounge
il giradischi, the record player
suonare a tutto volume, to play full blast
un rumore da destare i morti, a noise to awaken the dead
cantare, to sing
fumare come un turco, to smoke like a chimney
raccontare barzellette, to tell jokes
chiacchierare, to chat
molto chiasso, a lot of noise, din
ubriacarsi, to get drunk
la disputa/la controversia, the argument
la squadra di calcio, the football team
un tifoso accanito, a fanatical supporter
litigare, to fight
bisticciare, to squabble
prendersi a pugni, to come to blows
essere svegliato dal fracasso, to be wakened by the din
la vestaglia, the dressing gown
adirato, angry
fuori di qui, mascalzoni! get out, you rascals!
scusarsi con, to apologise to
arrossire, to blush

6 Il treno sbagliato

il rappresentante, the

representative (of a firm)
il direttore, the director
assistere a un convegno, to attend a conference
dovere, to have to
un biglietto di andata e ritorno, a return ticket
un biglietto solo di andata, a single ticket
pagare, to pay
la sala d'aspetto, the waiting-room
dirigersi verso, to make one's way towards
il binario, the platform
pensare a, to think about
avere la mente altrove, to have one's mind on other things
preparare un discorso, to prepare a speech
sbagliare treno, to get on the wrong train
il viaggiatore, the passenger, traveller
sfinito, exhausted, very tired
a tutta velocità, at full speed
un paesaggio, a landscape
tipicamente toscano, typically Tuscan
addormentarsi, to fall asleep
frenare, to brake
lo stridio dei freni, the screech of the brakes
svegliarsi, to wake up
sentire l'altoparlante, to hear the loudspeaker
rendersi subito conto, to realise immediately
il capotreno, the guard
il capostazione, the stationmaster
l'impiegato ferroviario, the railway official
il finestrino, the window
chiedere informazioni, to ask for information
consigliare a qualcuno di (+inf.), to advise someone to
sull'altro binario, on the other platform
indicare/additare, to point out

7 La scampagnata

Ferragosto, August holiday
il bagagliaio/il baule, the boot (of a car)
abbastanza posto, enough space
una piccola cilindrata, a small-engined car
la reticella portabagagli, the luggage rack
aiutare a (+inf.), to help
in campagna, into the countryside
eccitato, excited
fare una scampagnata, to go for a trip into the country
arrabbiato, angry
andare a (+inf.), to go for
fare un caldo da morire/fare un caldo tremendo, to be terribly warm
una fila lunga di macchine, a long line of cars
l'ingorgo nel traffico, the traffic jam
prenderla con pazienza, to take it easy

rimboccarsi le maniche, to roll up one's sleeves
nervoso, on edge
sudare, to sweat
stanco e stufo, fed up, bored
abbassare il finestrino, to roll down the window
soffrire dall'aria afosa, to suffer from the stuffy atmosphere
sbottonarsi il colletto, to unfasten one's collar
avere una fame da lupo / essere affamato, to be starving
scegliere (p.p.*scelto*), to choose
un luogo tranquillo, a quiet spot
il toro, the bull
il cancello, the gate
aperto, open
brucare tranquillamente, to graze peacefully
il muggito, the lowing
avvicinarsi a, to approach
il mangiare, the food
il bere, the drink
tranquillo e beato, blissfully content
lanciarsi precipitosamente, to charge headlong
verso di loro, towards them
spaventarsi, to become terrifed
fuggire/scappare, to flee, escape
in fretta e furia, quickly, at full speed
lasciare, to leave behind
rovesciare, to upset, overturn
la roba dello spuntino/della merenda, the picnic things
cominciare a (+inf.)*/mettersi a* (+inf.), to begin to

essere mogio mogio, to be disheartened, down in the dumps
avviarsi subito, to set off immediately
essere bagnato fino alle ossa, to be soaked to the skin
una giornata da dimenticare, a day to be forgotten
un Ferragosto indimenticabile, an unforgettable August holiday
l'autostrada a pedaggio, the toll motorway

8 *Scamparsela bella*

essere afoso, to be stuffy
passare qualche giorno in pensione, to spend a few days at a boarding house
al mare, at the seaside
fare un pisolino, to have forty winks
riposarsi, to rest
rilassarsi, to relax
sdraiarsi, to lie out, stretch out
prendere il sole, to sunbathe
il pallone, the ball
la spiaggia, the beach
credersi troppo grande per, to think oneself too big to
l'ombrellone, the sunshade
divertirsi, to enjoy oneself
tuffarsi, to dive
da poco tempo, for a short while
la bufera/la burrasca, the squall, storm
allontanarsi da, to move away from, stray
rendersi conto che, to realise that

il tempo, the weather
cambiato, changed
trovarsi in difficoltà, to find oneself in difficulty
sempre più mosso, rougher and rougher
non farcela più, to be thoroughly exhausted
agitare le braccia, to wave one's arms
la riva, the shore
gridare aiuto, to shout for help
il bagnino/il salvaguardia, the lifeguard
essere forte come un toro, to be as strong as an ox
allarmato, alarmed
avvolgere (p.p.*avvolto*), to wrap
l'asciugamano, the towel
sconvolto dalla paura/impaurito, scared, terrified
tremolante, shivering
rabbrividire, to shiver
salvare la vita a, to save the life of
vergognarsi, to be ashamed
piangere (p.p.*pianto*), to cry, to weep
stringere la mano a qualcuno, to shake someone's hand
nuotare da solo, to swim on one's own
il mare grosso/agitato, the rough sea
senza il permesso di, without the permission of

9 Colto sul fatto

essere in molti, to be many
gli Stati Uniti, the United States
una quindicina, a fortnight
Pasqua, Easter
il pellegrino, the pilgrim
il papa, the Pope
fare da guida/cicerone, to act as guide
l'albergo, the hotel
la macchina fotografica, the camera
la macchina da presa, the cine camera
fare un caldo insopportabile, to be unbearably hot
una bella bionda, an attractive blonde
il Colosseo, the Coliseum
la Fontana di Trevi, the Trevi Fountain
Piazza San Pietro, Saint Peter's Square
fare il giro dei monumenti, to go round the sights
principale, main, important
movimentato, busy
la cartolina, the postcard
il ricordo, the souvenir
aspettare l'arrivo di, to await the arrival of
la domenica di Pasqua, Easter Sunday
il balcone, the balcony
fare lo scippo, to pick pockets, snatch bags
rubare, to steal
il borsaiolo, the pickpocket
calvo, bald
stare per (+inf.), to be about to
fare una fotografia di, to take a photograph of
sbraitare, to shout one's head off
rimanere a bocca aperta, to be astounded
che cosa ti prende? what's got into you?

che diavolo succede? what the devil is going on?
il portafoglio, the wallet
l'assegno per viaggiatori, the traveller's cheque
darsela a gambe, to run off, to take to one's heels
avere paura di esser preso, to fear being caught
un donnone, a big woman
di mezza età, middle aged
dai capelli grigi, with grey hair
arrestare, to arrest
guardate lì! look there! look at that!
quello lì sta rubando! that man there is stealing!
ammanettare, to handcuff
in carcere/in prigione, in prison
grazie mille! many thanks!
la ricompensa, the reward

10 *L'ascensore bloccato*

in piena estate, in the height of summer
la palma, the palm tree
la stazione balneare, the holiday resort
il tassì, the taxi
la valigia, the suitcase
il baule, the trunk
la mancia, the tip
il fattorino, the bellboy
il ricevimento/la ricezione, the reception desk
la camera matrimoniale, the bridal suite
la doccia, the shower
la stanza da bagno privata, the private bathroom
il televisore, the television set
avviarsi verso, to make one's way towards
il piano, the floor, storey
chiacchierare, to chat
tra di loro, amongst themselves
un posto di villeggiatura, a holiday resort
meraviglioso, wonderful, marvellous
perfetto, perfect
fermarsi di botto, to stop with a jolt
guardarsi sbalorditi, to look at one another in amazement
un attimo, a moment
l'indicatore, the indicator
rimanere bloccato, to jam, stick
tra, between
gridare a tutta forza, to shout at the top of one's voice
impaurito, scared
respirare con difficoltà, to have difficulty in breathing
privo d'aria fresca, deprived of fresh air
il raccapriccio, fear, dread
avere un rabbrivido di terrore, to feel a shudder of fear
dare un abbraccio di consolazione, to give a comforting hug
lo sportello, the hatch
gridare aiuto, to shout for help
a parecchie riprese, repeatedly
calare, to lower
la scala, the ladder
liberarsi dal pericolo, to get out of danger
promettere di, to promise to
una buona mancia, a good tip

il personale, the staff
essere riconoscente, to be grateful
ringraziare di tutto il cuore, to thank profusely
Viareggio, the most important resort on the Tyrrhenian coast, famous for its vast expanse of sand

11 L'appuntamento

l'ufficio, the office
un momento di quiete, a lull
approfittare dell' occasione, to take the opportunity
dare un colpo di telefono a/ fare una telefonata a, to make a phone call to
venire in mente di (+inf.), to occur to
darsi l'appuntamento, to arrange a date
andare fuori, to go out
l'impermeabile, the raincoat
incontrare, to meet
non vedere l'ora di, to look forward to
alle sette e mezzo in punto, at precisely 7.30
l'ombrello, the umbrella
la pozzanghera, the puddle
spruzzare, to splash
piovere a diluvio, to pour with rain
bagnato fradicio, soaked through
essere stanco di aspettare, to be tired (of) waiting
decidere di, to decide to
essere in ritardo, to be late
mettersi a tavola, to sit down at table
ordinare, to order
una mezza porzione, a half portion

i cannelloni, tubes of pasta filled with meat and covered in a tomato sauce
come antipasto, as an hors d'oeuvre
una cotoletta milanese, a veal cutlet deep fried in breadcrumbs
le patate fritte, chips
i fagiolini, French beans
un'insalata mista, a mixed salad
condito all'italiana, with Italian dressing
il dolce, the sweet
la torta alla panna, the cream gâteau
un espresso, a small black coffee
il complesso, the group
una piccola orchestra, a small orchestra
una mezza bottiglia di Chianti rosso, a half bottle of red wine from the Chianti region
dovere arrivare, to be due to arrive
da un momento all'altro, at any moment
finire di (+inf.), to finish
porgere il conto a, to hand the bill to
spiegare, to explain
finalmente/alla fine, finally, eventually
imbarazzato, embarrassed
balbettare, to stutter
la macchina rotta, the broken down car
l'autostrada, the motorway
affannato, out of breath
affamato, starving
tutto è bene ciò che finisce bene, all's well that ends well

12 Tanta fretta per niente

dormire come un ghiro, to sleep like a log
sentire suonare la sveglia, to hear the alarm ring
fino a tardi, until late
ballare, to dance
la discoteca, the discotheque
stanco morto, exhausted
riaddormentarsi/addormentarsi di nuovo, to go back to sleep
la coperta, the blanket
balzare dal letto, to jump out of bed
la camera da letto, the bedroom
illuminato dal sole, sunlit
il rumore, the sound, noise
il traffico, the traffic
la persiana, the venetian blind
socchiuso, half-closed
attraverso, through
il raggio di sole, the ray of sunlight
fare tardi per il lavoro, to be late for work
la stanza da bagno, the bathroom
in fretta e furia, in a rush
prepararsi, to get ready
non fare in tempo a, not to have time to
truccarsi, to put on make-up
lavarsi/pulirsi i denti, to brush one's teeth
pettinarsi, to comb one's hair
abbottonarsi il cappotto, to button one's coat
mettersi le scarpe, to put on one's shoes
stanco stanco, very tired
abbastanza lontano, rather far away
i capelli scompigliati, dishevelled hair
essere tutto sudato, to be covered in sweat
correre come un pazzo, to run like a madman
riuscire a (+inf.), to manage, to succeed
il semaforo, the traffic lights
essere a rosso, to be red
la dattilografa, the shorthand typist
la segretaria, the secretary
un ufficio di assicurazioni, an insurance office
un po' stufato, a little fed up
le porte a vetri, the glass doors
chiuso a chiave, locked
approfittarsi della giornata libera, to take advantage of the day off
inaspettato, unexpected

13 Come cane e gatto

essere nuvoloso, to be cloudy
la biblioteca, the library
l'edicola, the newspaper stall, kiosk
insieme a, (together) with
dimenare la coda, to wag the tail
riportare qualche libro, to return some books
in lontananza, in the distance
tirare al guinzaglio, to strain at the leash
agghiacciato dalla paura, stiff with fear
rimanere fermo, to stand still

con la schiena incurvata, with arched back
scappare via, to flee
inseguire/rincorrere, to pursue
precipitarsi verso, to rush towards
incurvare la schiena, to arch the back
arrampicarsi sull'albero, to climb up the tree
per mezzo di, by means of
l'artiglio, the claw
avere bisogno di, to need
pulire la vetrina, to clean the window
aggiustare l'insegna, to fix the sign
la macelleria, the butcher's shop
il macellaio, the butcher
sfogarsi, to let off steam, to give vent to feelings
miagolare, to mew
avere voglia di, to want to
acchiappare, to seize
essere amante di gatti, to be a cat lover
un tipo che, a person who
prestarsi volentieri alla gente, to help others willingly
venga subito! come quickly!
graffiare/dare un graffio a, to scratch
mordere (p.p.*morso*), to bite
chiudere, to close
picchiare, to hit, strike
sano e salvo, safe and sound
senza tante storie, without a fuss

14 *L'onestà è la miglior politica*

rimanere a bocca aperta, to be astonished
in bocca al lupo! good luck!
imparare, to learn
pigro, lazy
sentirsi a disagio, to feel uneasy
il liceo, the secondary school
alzati! get up!
su! up!
dai, sbrigati! come on, hurry up!
dare un esame, to sit an exam
non avere voglia di, not to want to
studiare abbastanza, to study sufficiently
lavorare sodo, to work hard
fare presto a (+inf.), to be quick to
indaffarato/occupato, busy
auscultare il torace, to sound the chest
controllare la temperatura, to check the temperature
tirare fuori la lingua, to stick out one's tongue
ingannare, to deceive
gemere, to groan
fare una visita a, to examine (medically)
fare la ricetta, to write a prescription
soddisfatto, satisfied
convincere il dottore, to convince the doctor
ascoltare i dischi, to listen to records
sfogliare fumetti, to leaf through comics
passare il tempo a (+inf.), to spend one's time

alla solita ora, at the usual time
essere completamente guarito/rimesso, to be completely cured
mangiare di buon cuore, to eat heartily
rimanere di colpo, to be dumbfounded
perplesso, nonplussed
non sapere dove sbattere la testa, not to know where to turn
per combinazione, by coincidence
avere un raffreddore, to have a cold
non vale la pena/non conviene (+inf.), it's not worthwhile, one ought not to
essere disonesto, to be dishonest
mai più, never again

15 *Ubriaco al volante*

festeggiare, to celebrate
le nozze, the wedding
la barba piena, the bushy beard
gli occhiali, spectacles
essere barbuto, to be bearded
fare un brindisi, to propose a toast
alla fine del pranzo, when the meal was over
un abito da sera, an evening dress
essere annoiato a morte, to be bored to tears
la torta nuziale, the wedding cake
una Fiat, una Renault, a Fiat, a Renault
una macchina di lusso, a luxury car
barcollare, to stagger
inciampare contro, to stumble, trip against
salutare, to wave
essere alticcio, to be tipsy
essere sbronzo/ubriaco, to be (very) drunk
mancare l'aria fresca, to be short of fresh air
sbottonarsi la cravatta, to unbutton one's shirt
grondare sudore, to sweat profusely
essere sicuro di sè, to be sure of oneself
cantare stonato, to sing out of tune
sbagliare strada, to take the wrong road
fare attenzione, to pay attention
un senso unico, a one way street
il segnale, the road sign
non accorgersi affatto di, to be totally unaware of
allegro, happy, merry
essere sopraffatto dall'alcool, to be under the influence of drink
venire dalla parte opposta, to come from the opposite direction
ritenere prudente, to deem it wise
fermarsi, to stop
essere nei guai/trovarsi in un pasticcio, to be in trouble, in a mess
essere fritto/stare fresco, to be cornered, in real trouble
rallentare, to slow down
verde oliva, olive green
la luce azzurra, the blue light

il tetto, the roof
lo sportello bianco, the white door
scendere dalla macchina, to get out of the car
essere molto spiacente, to be very sorry
il certificato di assicurazione, the insurance certificate
la patente, the driving licence
i particolari, the details
il numero di targa, the registration number
prendere appunti, to take notes
essere parente di, to be related to

16 Il corto circuito

il giorno seguente, the following day
dare un esame, to sit an exam
fino a tardi, until late
la storia, history
il francese, French
la materia, the subject
preferito, favourite
accendere la lampada, to switch on the lamp
cominciare a, to begin to
molto da fare, a lot to do
rivedere/ripassare, to revise
essere buio, to be dark
spegnersi (p.p. *spento*), to go out (light)
essere approfondato in un problema, to be engrossed in a problem
ci voleva proprio questo! that's all I needed!
che inciampo! what a nuisance!
che diavolo sta succedendo? what the devil's going on?

la mancanza di corrente, the power cut
andare alla casa di fronte/accanto, to go across the street/next door
pian piano, very slowly
a tastoni, gropingly
il fulmine, lightning
il temporale, the storm
violento, violent
scatenarsi, to break out
prendere in prestito, to borrow
imprestare, to lend
aiutare, to help
la candela, the candle
volentieri, willingly
accendere, to light
il fiammifero, the match
fare strada a qualcuno, to lead the way for someone
rimettersi a studiare, to get down to studying again
lavorare sodo, to work hard
al lume di candela, by candlelight
gli facevano sempre più male gli occhi, his eyes were becoming sorer and sorer
sentirsi pizzicare gli occhi, to feel one's eyes stinging
leggere appena, to read with difficulty
alla luce di, by the light of
farla finita, to call it a day
stanco morto, extremely tired
coricarsi, to go to bed
avere ancora bisogno di luce, to still need light
non poterne più, to be all in, to give up
essere sempre buio, to be still dark
tornare, to return, come back
all'improvviso, suddenly

infilarsi il pigiama, to slip on one's pyjamas
sottosopra/in soqquadro/in disordine, in disarray, in a mess, untidy
meglio tardi che mai, better late than never
in tono sardonico, sarcastically

17 Una nevicata improvvisa

coperto di, covered with
una coltre fitta di neve, a thick layer of snow
essere infreddolito, to feel cold
alzarsi, to get up
aprire le tende, to open the curtains
affacciarsi alla finestra, to look out of the window
fare la prima colazione, to have breakfast
coprirsi bene, to wrap up well
in poco tempo, in a short while
essere pronto a, to be ready to
la soglia, the doorstep
il direttore di fabbrica, the factory manager
la borsa, the briefcase
togliere (p.p.*tolto*), to remove
la serratura gelata, the frozen lock
essere preoccupato, to be worried
la chiave, the key
avere paura di fare tardi, to be afraid of being late
cercare di, to try to
fare funzionare la macchina, to get the car to go
avviare il motore, to start the engine

invano, in vain
porca miseria!/accidenti! damn it!
esclamare, to exclaim
essere giù di morale, to be down in the dumps
dare una mano a, to lend a hand
alzare/sollevare, to raise, lift
dare un'occhiata a, to have a look at
il motore, the engine
dare un grido di disperazione, to utter a cry of despair
sbrigarsi, to hurry up
altrimenti/se no, otherwise
arrivare tardi al lavoro, to arrive late at work
non essere pratico delle macchine, not to know much about cars
telefonare all'A.C.I., to telephone the A.A.
venire al più presto possibile, to come as quickly as possible
fare del proprio meglio, to do one's best
tentare di venire subito, to try to come immediately
indaffarato/impegnato, busy, tied up
rimorchiare, to tow
la catena, the chain
arrugginito, rusty
il carburatore, the carburettor
rotto, broken
non essere in grado di, not to be in a position to
riparare, to repair
lì per lì, there and then
guidare, to drive, to steer
lo sterzo, the steering wheel
in treno, by train
in autobus, by bus

18 La borsetta rubata

il marciapiede, the pavement
una lastra di ghiaccio, a layer, a sheet of ice
guardare in vetrina, to look at the shop window
la gioielleria, the jeweller's shop
la fede/l'anello, the wedding ring
l'anello di fidanzamento, the engagement ring
una buona scelta, a good selection
il prezzo, the price
fare un freddo da morire, to be bitterly cold
il banco, the counter
fare caso a qualcosa, to give one's attention to
passarsela molto bene, to be well off
nuotare nell'oro, to be rolling in money
il commesso, the shop assistant
un tipaccio, a rogue, scoundrel
avere l'aspetto losco, to look shifty, shady
la borsetta, the handbag
il furto, the theft
afferrare, to grab
andare fuori/uscire, to go out
essere internato a, to be busy doing
sottecchi, stealthily
in punta di piedi, on tiptoe
darsela a gambe, to run off
a rompicollo, at breakneck speed
rincorrere, to run after, to chase
in men che non si dica, in the twinkling of an eye
mettersi subito in contatto con, to get in touch with immediately
scivoloso, slippery
coperto di ghiaccio, ice-covered
fare un capitombolo, to fall head over heels
al ladro! stop thief!
il carabiniere, the policeman
arrivare sul luogo, to arrive on the scene
fare il giro del quartiere, to patrol the district
per puro caso, by sheer chance
acchiappare, to seize
portare in questura, to take to the police station
dare un bacio a/baciare, to kiss
abbracciare, to embrace, hug
meritare di essere suo marito, to deserve to be her husband
un eroe, a hero
gli sta bene!/se lo merita! it serves him right!

19 Non conviene rubare

il cartello, the notice, poster
guardare, to look at
la gonna, the skirt
il reparto, the department (of a store)
un vestito a righe, a striped dress
il cliente, the customer
il reparto gonne, the skirt counter
esaminare, to examine

il ribasso, the reduction
a buon mercato, cheap
che bel disegno! what a nice pattern!
affollato, crowded
i saldi di fine stagione, the end of season sales
fare la scelta, to make one's choice
frugare fra, to rummage through
la sfilza, the rail, rack
la pelliccia (plural *le pellicce*), the fur coat
dare nell'occhio, to be eyecatching
vedere dalla coda dell'occhio, to see out of the corner of one's eye
il marito, the husband
disoccupato, unemployed
troppo costoso/caro, too expensive
la gonna lunga da sera, the long evening skirt
la cassa, the cash desk
la cassiera, the cashier
darsi alla tentazione, to yield to temptation
essere vinto dalla tentazione, to be overcome by temptation
prendere senza pagare, to take without paying
indossare, to put on
dare uno sguardo a destra e a sinistra, to look right and left
con aria sospettosa, with a suspicious look
l'uscita, the exit
l'ispettore, the floorwalker
afferrare per il braccio, to seize by the arm
la ricevuta, the receipt

l'ufficio del direttore, the manager's office
telefonare alla polizia, to telephone the police
scoppiare in lagrime, to burst into tears
farsi rosso rosso in viso, to become very red in the face
pagare una multa, to pay a fine
ammettere (p.p.*ammesso*), to confess, to admit
rubare, to steal
non so che cosa mi sia venuto in testa! I don't know what came over me!

20 *Le disgrazie non vengono mai sole*

essere tifoso di/fare il tifo per, to be a fan of/to support
la squadra di calcio, the football team
la partita, the game
forza Juve! up Juventus!
il traghetto, the ferry
Torino, Turin (home of Juventus)
il Torinese, inhabitant of Turin
la bandiera, the banner
non vedere l'ora di, to look forward to
come un pozzo d'olio, very calm
la traversata, the crossing
cosa ne pensi di . . . ? what do you think of . . . ?
la nostra ala destra, our right winger
l'arbitro, the referee
prevenuto, biased

discutere (p.p.*discusso*), to discuss
dopo un paio d'ore, a couple of hours later
chi . . . chi . . ., some . . . others . . .
annoiarsi, to get bored
l'onda, the wave
passare il tempo a fare, to spend one's time doing
giocare a carte, to play cards
fare una scommessa, to make a bet
scommettere (p.p. *scommesso*), to bet
rollare/beccheggiare, to roll, pitch (boat)
andare su e giù, to go up and down
la bufera/la burrasca, the storm
scatenarsi, to break out
avere mal di mare, to be seasick
la ringhiera, the rail

rimettere, to be sick
avere lo stomaco rovesciato, to have one's stomach churning
sentire il bisogno di, to feel the need of
rompersi una costola, to break a rib
essere più morto che vivo, to be more dead than alive
il porto, the harbour
la passerella, the gangway
deluso, disappointed
la barella, the stretcher
sentirsi un po' meglio, to feel a little better
l'indomani, the next day
la "Gazzetta dello Sport", an Italian sports paper
i titoli, the headlines
annunciare, to announce
il risultato, the result
le disgrazie non vengono mai sole, it never rains but it pours